Peter Strasser
Ontologie des Teufels

Peter Strasser

Ontologie des Teufels

Mit einem Anhang:
Über das Radikalgute

Wilhelm Fink

Bibliografische Information der Deutschen Nationalbibliothek

Die Deutsche Nationalbibliothek verzeichnet diese Publikation in der
Deutschen Nationalbibliografie; detaillierte bibliografische Daten sind im
Internet über http://dnb.d-nb.de abrufbar.

© 2016 Wilhelm Fink, Paderborn
(Wilhelm Fink GmbH & Co. Verlags-KG, Jühenplatz 1,
D-33098 Paderborn)

Internet: www.fink.de

Einbandgestaltung: Evelyn Ziegler, München
Printed in Germany
Herstellung: Ferdinand Schöningh GmbH & Co. KG, Paderborn

ISBN 978-3-7705-6108-7

INHALT

TEIL I: MEIN TEUFEL

TEIL II: TRANSFORMATION NACH UNTEN

Teil I
MEIN TEUFEL

1.
MEIN HITLER

Während der „Aufarbeitung" des Nationalsozialismus, beginnend mit den Neunzehnsechzigerjahren, war es üblich geworden, die Annektierung Österreichs durch Hitler – „den Eintritt meiner Heimat in das Deutsche Reich" (12./13. März 1938) –, als Einbruch des absolut Bösen darzustellen. Damit wollte man auch sagen, dass der Faszination über das Hereinbrechende von Anfang an ein unheimliches Moment eignete.

Offenkundig schien, dass die Massen in Hitler einen Heilsbringer gesehen hatten, der von einer religiösen Aura umgeben war. Hintennach war es genau diese Aura, welche die Gestalt des „Führers" – Gegenstand einer archetypischen Rhetorik, die nun gerne unter umgekehrtem Vorzeichen bemüht wurde: aus dem Führer war der Teufel geworden – in ein Jenseits des Psychologischen und moralisch Fassbaren entrückte. Das absolut Böse entzog sich im Letzten jeder Erklärung. Jede menschliche Motivation schien zu kurz zu greifen, wenn man sich die Antriebskräfte vorzustellen versuchte, die zum Holocaust führten.

Kein Zweifel: Hitler repräsentierte für einen großen Teil der Betroffenheitsliteratur, und zwar der ehrlich bemühten, das Satanische. Dabei entstammte diese Literatur vorwiegend der Feder von aufgeklärten Geistern, die ansonsten weder an den Teufel noch auch an Gott glaubten. Sie glaubten vielmehr an die Wissenschaft, an Psychologie und Psychoanalyse, weniger oft an das Wirken von Genen, die unter ungünstigen Umständen eine gewissenlose, sadistische Persönlichkeit entstehen ließen. Das machte die Rede vom „Teufel Hitler" einerseits symbolisch und damit zu einer dramatischen Geste. Andererseits wurde dadurch das Menschliche in ein Eck manövriert, wo es dämonisch zu dunkeln begann. Etwas am Bösen, wozu der Mensch fähig war, schien sich dem Vernunftlicht aufgeklärter Erklärungsansätze zu entziehen.

Und dazu trug, auf eine merkwürdig komplementäre Weise, ein epochales Buch bei, das von einer deutschen Jüdin stammte, die vor den Nazis hatte fliehen müssen. Hannah Arendt verfolgte in Jerusalem den Prozess gegen den SS-Obersturmbannführer Adolf Eichmann und verfasste, nach einigen größeren Presseartikeln, ihren durchgehenden Bericht von der Banalität des Bösen: *Eichmann in Jerusalem: A Report on the Banality of Evil* (1963). Darin charakterisierte sie, basierend auf Prozessunterlagen und Gesprächen, Eichmann nicht – wie allgemein erwartet – als Monster oder Bestie, sondern im Gegenteil: als einen einigermaßen normalen Menschen, der in der Nazi-Bürokratie, angetrieben von durchschnittlich moralischen und unmoralischen Motiven, von Gehorsamsbereitschaft und Karrierestreben, schließlich zu dem wurde, weswegen er nun zum Tode verurteilt werden sollte: Planungschef der „Endlösung", des deutschen Völkermords an den Juden, systematisch und penibel organisiert, von den Zugtransporten in die Konzentrationslager bis zur millionenfachen Tötung in den Gaskammern, inklusive der peniblen Berechnung, wie viel Zyklon B notwendig wäre, wenn so-und-so viele Menschen zur selben Zeit in eine so-und-so große Vernichtungszelle gepfercht würden.

Arendt referierte ausführlich einen eigentümlichen „Sprachdefekt" Eichmanns, der sich stets bemühte, möglichst klar zu formulieren und dabei aber in immer dieselben bürokratischen Sprachmuster verfiel. Diese ließen keine Emotion, kein Mitgefühl mit den Opfern aufkommen. Arendt ihrerseits ließ sich nicht darauf ein, Eichmanns genormte Sprache bloß als Ausdruck einer monströsen Inhumanität der Person selbst zu interpretieren. Ohne Eichmanns Fühllosigkeit zu verharmlosen, legte Arendt das Hauptgewicht ihrer Überlegung auf den dehumanisierenden Charakter des institutionellen Getriebes mit seiner entpersönlichenden „Betriebssprache". Dahinter stand eine klare politische Botschaft: Der Unmensch Eichmann war ein Produkt dessen, was in Heideggers Terminologie als „Gestell" den Menschen formte und deformierte: *entmenschlichte*. Eichmann war kein geborener Verbrecher im Sinne Cesare Lombrosos. Um in Zukunft unsägliche Existenzen wie Eichmann zu verhindern, müssten Eichmann-produzierende Bürokratien wie jene der Nazis durch entsprechende demokratische Vorkehrungen unmöglich gemacht werden.

Arendts Buch löste heftige Diskussionen aus. Ein Hauptvorwurf, unmittelbar nach Erscheinen des Berichts, lautete dahingehend, dass Arendt der Verharmlosung des Radikalbösen Vorschub leiste. Doch wenn man wollte (und man sollte besonnener Weise wollen), dann konnte man Arendts Botschaft auch andersherum lesen. Demnach verkörpert sich das Radikalböse zwar auch in den Schlächtern der Weltgeschichte, in den sadistischen Serienkillern, die eigenhändig Hand anlegen, sofern es darum geht, Qualen zu bereiten und unvorstellbare Gräueltaten zu setzen. Doch mittels dieser Gestalten des Unsäglichen feiert der Teufel sozusagen seine extravaganten Saturnalien. Arendts Blick hingegen galt der Alltäglichkeit des Gottseibeiuns. Arendts scharfsinniger und zugleich feinsinniger Blick konzentrierte sich auf die „glanzlose", die alltägliche, gleichsam mausgraue Präsenz des Bösen. Es ist die Neigung zum Abgrund, die jeden Menschen auf das hin ausrichtet, was Kant, der Aufklärer par excellence, als „unbegreiflich" bezeichnete. Für Kant bestand das Radikalböse der menschlichen Natur darin, dass ihr ein transpsychologischer – ein transzendentaler – Hang zu eigen war, aus freien Stücken nicht der Vernunft und dem ihr zugeordneten guten Willen zu folgen, sondern im Gegenteil dem bösen Willen, und daher böse Maximen zur Grundlage des je eigenen Handelns zu machen. Das klingt vertrackt, darüber hinaus jedoch klang es zu Kants Zeit verdächtig nach einem Fortwirken der Erbsündenlehre.

Ob nun aber Arendt bei ihren Überlegungen zu Eichmanns Konstitution durch das fortdauernde – wie immer kritisch kommentierte – Erbe Kants beeinflusst war oder nicht: Fest steht, dass ihre Analyse zugleich in zwei Richtungen wirkte, die einander entgegengesetzt zu sein scheinen, sich in Wahrheit jedoch wechselseitig bedingen. Einerseits gemeindet Arendts Buch das Radikalböse, das „Teuflische", ins *Normalmenschliche* ein; andererseits entrückt sie gerade dadurch das „Menschliche" dem psychologischen Normalbetrieb. Etwas Dunkles, den aufgeklärten Begriffen Unzugängliches am Menschen lässt ihn an einer Verworfenheit teilhaben, die seine Grundkonstitution, seine – möchte man sagen – irdische Urbeschaffenheit an den Topos von der *Gefallenheit der postparadiesischen Natur* anbindet, ohne freilich noch einmal den Schöpfungsmythos ausdrücklich bemühen zu wollen.

Wir hatten es hier, nach 1945, mit einer eigentümlichen Dialektik zu tun. Der Teufel schien seine Macht ja schon lange eingebüßt zu haben, dafür hatten Generationen von geharnischt religionsfeindlichen Denkern und auch mehr und mehr Christenmenschen milden Gemüts hinreichend Sorge getragen. Das Teuflische war vom Menschlichen absorbiert worden. Dafür standen als innerweltliche Exempel gerade die großen Unholde der Menschheitsgeschichte, die nun ganz und gar ein Fall für die Psychologie und Soziologie des abweichenden Verhaltens abnormer Persönlichkeiten geworden waren. Der Hauptbeleg meiner Generation war Hitler, das Monstrum, welches zu einem Produkt aus Psychopathologie und institutioneller Eigenlogik wurde. Damit wurde zugleich eine Säkularisierung des Bösen eingeleitet, die sich jeder verschleppt religiösen Dämonisierung widersetzte. Das Radikalböse wird zunehmend mit Hilfe eines Vokabulars beschrieben, das größten Wert auf Objektivität legt – und damit auf strikte Wertfreiheit unter dem vollständigen Verzicht auf metaphysische Prämissen.

Aber wie wir seit Cesare Lombrosos Konstrukt des geborenen Verbrechers, *L'Uomo Delinquente*, erkannt haben, besteht die Kehrseite der zunehmenden Psychologisierung des Bösen darin, dass diejenigen Gestalten, die das Böse durch und durch verkörpern, sich aus ihrem Innersten heraus – und gegen die methodischen Bestrebungen der Kriminologen – wieder werthaft aufzuladen beginnen. Es entsteht, obwohl nach außen hin Objekt streng wissenschaftlicher Betrachtung, ein Wesen, dessen Konstitution eine inhärente Qualität aufweist, die sich *angemessen* bloß als böse beschreiben lässt. So war schon Lombrosos anlagemäßig und psychisch determinierter Homo Delinquens im Grunde seines Wesens nicht einfach abnorm oder geisteskrank, sondern ein *Bös-Kranker*. Und in diese Reihe der „Monster" fügte sich auch Hitler ein. Während jedoch Lombrosos Verbrechermenschen ideologiekritisch „dekonstruiert" wurden – es waren eben keine Monster, sondern Menschen –, galt gerade unter den bemühten Antifaschisten der Hitler-Vorbehalt: Hitler *repräsentierte* das Radikalböse (was immer das sein mochte; es war jedenfalls etwas anderes als ein rein psychopathologisches Phänomen ...).

Doch die Zeiten ändern sich und mit der Intensität dessen, was als historisch realpräsent gelten kann, ändern sich auch die Inkarnationen des Bösen, die Gestalten des Radikalbösen. Im Laufe der Jahrzehnte, die dem Schrecken der Hitlerei folgten, mehrten sich zusehends jene Kunstprodukte, die das Lächerliche am „Führer" betonten. Den bisherigen Höhepunkt dieses Genres bildete Quentin Tarantinos furiose Nazivernichtungstravestie *Inglourious Basterds* (2009), worin Hitler nur noch als total verblödeter Größenwahnsinniger in Erscheinung tritt, über den das Publikum ohne schlechtes Gewissen lachen darf.

Tarantinos Film ist in mehrerer Hinsicht typisch für die Sichtweise einer Generation, die Hitler bereits als historischem Popanz begegnet, dessen Monstrosität uns nicht mehr mit dem Horror des Unsäglichen, dem Auschwitz-Horror, erfüllt. Der „Führer" tritt damit ein in die Reihe der unzähligen politischen Massenmörder, die, weil sie einen Teil der Welt für immer veränderten, zu Legenden wurden und deren Untaten uns Heutige schaudern machen, aber eben bloß – schaudern. Das ist ein Schaudern, woran sich die Lust heftet, von den Schauertaten wortreich zu erzählen. Sie scheinen sich unseren Begriffen nahezulegen, statt sich ihnen zu entziehen.

Bei Tarantino kommt ein wichtiges Erzählmoment hinzu, das bereits durch die Falschschreibung des Titels angezeigt wird: Die Geschichte wird vor dem Hintergrund des Naziterrors in Frankreich erzählt. Dabei handelt es sich im Wesentlichen um eine Geschichtsfiktion, welche die Rolle der Opfer siegreich umdeutet. Hitler und seine prominente Entourage werden, unter Mithilfe einer Einheit jüdischer Kämpfer, die hinter den feindlichen Linien operiert, von einer Jüdin vernichtet. Sie, die Kinobetreiberin, steckt ihr eigenes Kino in Brand, worin das Nazi-Pack einem blödsinnigen Film über den deutschen „Helden" Fredrick Zoller beiwohnt. Das Machwerk besteht aus nichts weiter als der stumpfsinnigen Aneinanderreihung von Schusswechseln, in denen der „Held" stets siegreich triumphiert, während er Unmassen an Toten produziert – ein Slapstick der mörderischen Idiotie, die Hitler in seiner Loge mit Dauergelächter quittiert. In Tarantinos Version sind es die Juden, welche die Nazis besiegen, noch bevor die verlustreiche Landung der Alliierten in der Normandie erfolgt.[1]

Lange vor Tarantinos cleverer „Abrechnung" war das Radikalböse bereits zum angeblich legitimen Gegenstand der Radikalkomödie geworden. Und das erzeugte für Beobachter wie mich, die zwar die „Gnade der späten Geburt" genossen, aber auch das verstockte Schweigen der Elterngeneration in den Aufbaujahren nach 1945 erlebt hatten, eine neue Form der Unheimlichkeit. Mehr und mehr schienen die Jüngeren, und zwar auch die in Deutschland und Österreich Geborenen, außerstande zu sein, sich das *Unbegreifliche* des Holocaust zu vergegenwärtigen. Für mich war ein paradoxes Anzeichen dieses Distanzverlusts darin zu erblicken, dass man anscheinend nicht genug davon bekommen konnte, den Nationalsozialismus medial auszuschlachten. In die dabei nach außen hin demonstrierte Abscheu vor dem Monströsen des Tausendjährigen Reiches hatte sich längst wieder eine Faszination geschlichen, wie sie jene großen historischen Umwälzungen regelmäßig begleitet, die – nach einem Wort von Gottfried Benn – das Massengefühl des *Schicksalsrausches* hervorrufen. Man mochte darüber spotten oder lachen oder tremolieren, doch es war noch immer *da* – das Radikalböse, als klammheimlich treibende Kraft der „Aufklärung über Hitler".

2008, aus gegebenem Anlass, schrieb ich befremdet einen Kommentar über den laufenden Hitler-Boom in fast allen Medien. Die verstreute Zustimmung, die mir bekundet wurde, war indessen meist begleitet von der Frage, ob hier nicht etwa versucht werde, den freien Diskurs über *die* menschliche Katastrophe des 20. Jahrhunderts mit dem Argument zurückzudrehen, darüber sollte nicht „einfach so" geredet werden. *Einfach so*, das hieß für mich: so, als ob es sich um eine der vielen historischen Entgleisungen der Humanität handelte – man denke an Stalins Säuberungen, die Atombomben auf Hiroshima und Nagasaki, Maos bestialische „Kulturrevolution" oder Pol Pots Totenschädelregime. Aber worin eigentlich lag die spezifische Differenz, dieser geradezu metaphysische Abgrund, auf den man abzuzielen schien, wenn man einmahnte, dass *darüber* nicht einfach so geredet werden sollte? Millionen Tote hier, Millionen Tote da. Tote sind Tote, ob es sich um Juden, Russen, Japaner, Chinesen oder Vietnamesen handelte, nicht wahr? Möglicherweise spiegelte mein Kommentar eine Stimmungslage und Geisteshaltung wider, die ihrerseits bereits historisch geworden waren.

Mit anderen Worten: War der Autor dieses Kommentars nicht mehr in der Lage, das Diskursniveau seiner Gegenwart richtig zu deuten. War er etwa aus der Zeit gefallen?

HITLER – GUTE UNTERHALTUNG!
(2008)

Siebzig Jahre nach dem Anschluss Österreichs an Nazideutschland, dreiundsechzig Jahre nach dem Ende des Zweiten Weltkriegs reibt man sich die Augen und stellt teils verwundert, teils angewidert und alarmiert fest: So viel Hitler war noch nie!

Nicht, dass das Phänomen neu wäre. Getarnt als Geschichtsbelehrung wurde man im deutschsprachigen Fernsehen seit vielen Jahren mit Sendungen überhäuft, die geringfügig variierende Titel trugen: Hitler und seine Frauen, Hitler und seine Hunde, Hitler und seine Generäle. Es ging und geht um Hitlers Religion, Hitlers Architekt, Hitlers Sekretärin, Hitlers Bayreuth, Hitlers Speiseplan. Vor allem aber geht es darum, den Privatmenschen Hitler zu zeigen, naturgemäß in seiner ganzen Monstrosität, aber eben doch als einen, der seinen Frauen, seinen Hunden und auch „arischen" Kindern zärtliche Gefühle entgegenbrachte.

Neuerdings beeindrucken, auf höchstem Niveau, theatralische Anstrengungen, Hitler besser zu „geben", als dieser sich jemals selbst hätte präsentieren können, sei's entfesselt dämonisch wie Bruno Ganz in *Der Untergang* [2004], sei's dämonisch cool wie Tobias Moretti in *Speer und Er* [2005]. Begeisterung erregten und erregen auch die mannigfachen Hitlerparodien, von Harald Schmidt über Helge „Katzeklo" Schneider bis zu Mel Brooks' Nazimusical *The Producers*, mit dem das Wiener Theater der leichten Muse, *Ronacher*, im Juni 2008 wieder eröffnete.

Man wüsste nicht zu sagen, was degoutanter – und im Übrigen moralisch zwielichtiger – ist: der Hitlerernst oder der Hitlerspaß.

Was den Spaß betrifft, der heute angeblich aufräumt mit dem „Terror" der Antifaschismuspflicht, so wirkt – um der Wahrheit die Ehre zu geben – schon Charlie Chaplins *Großer Diktator* von 1940 unangenehm verspielt. Chaplins Hitler ist ein lächerlicher Popanz, ein Möchtegerntyrann, der mit der Weltkugel Kunststücke vorführt, und Chaplins Juden sind klamottenhafte Gestalten, die chaplinesk durchs Konzentrationslager marschieren. Immerhin hat der große Komiker und Regisseur in seiner Autobiographie ein zu spät bemerktes Versagen vor dem Radikalbösen eingestanden: „Hätte ich von den Schrecken in den deutschen Konzentrationslagern gewusst, ich hätte ‚Der große Diktator' nicht zustande bringen, hätte mich über den mörderischen Wahnsinn der Nazis nicht lustig machen können."[2]

War Chaplin, als er diese Worte schrieb, ein Opfer der Political Correctness? Nein, er war bloß feinfühlig und dabei intelligent genug, um rückblickend zu erkennen, dass jede Art von Lachen über Hitler eine unangebrachte Nähe zum Täter herstellt. Nur über verzeihbare menschliche Schwächen lässt sich menschlich lachen, nicht über das Böse, das zu Auschwitz führt.

Im Hitlerspaß dominiert weniger der Widerstand gegen ein moralinsaures Lachverbot, sondern eher eine entpolitisierte Reaktionsform auf das Politische überhaupt. Herrisch schafft sich ein Unterhaltungsverlangen Raum, das gleichsam total geworden ist. Das wäre ja noch schöner, scheinen uns die Comedians auf allen TV-Kanälen zu versichern, wenn es etwas gäbe, worüber sich kein Witz machen ließe: „Sie wollen einen Sketsch über die Gaskammern? Kein Problem!"

Und der Hitlerernst, der ebenfalls blüht, mit und ohne Wagnerscher Götterdämmerung? Ist nicht gerade dieser Ernst das Korrektiv zum falschen Lachen? Ich weiß nicht, was der deutsche „Kritikerpapst" Marcel Reich-Ranicki [gest. 2013] gesehen hatte, als er den neuen deutschen Hitlerfilm als Aufklärungskunst rühmte und gegen jene Kritiker, die sich der „Vermenschlichung" Hitlers widersetzten, losdonnerte: „Als was soll man Hitler denn sonst darstellen – als Kamel oder als Elefant?"[3]

Ich gehöre zu denen, die nicht wissen, als was man Hitler darstellen soll, und zwar gerade deshalb, weil Hitler zweifellos ein Angehöriger des Homo sapiens war. Ich weiß nur, dass man ihn nicht als eine

Figur darstellen sollte, auf die sich, in welch verdeckter, verdrehter Form auch immer, Gefühle der Größe und Tragik projizieren lassen. Größe und Tragik: Damit klingen im Raum des Politischen religiöse Töne an. Es ist die Aura des Absoluten, die noch der kreischende Bruno Ganz im Führerbunker heraufbeschwört, wenn er gleich einem alttestamentarischen Schrumpfgott sein Volk verflucht. Und es ist ebendiese Aura, die selbst das biedere Filmchen über Vera Brauns Einsamkeit in der Alpenresidenz des „Führers" mit einer Atmosphäre des Sakralen umgibt.

Hier wird eine Sehnsucht nach Geborgenheit mitbefriedigt, die Carl Schmitt – von seinen Widersachern nicht zu Unrecht als „Kronjurist Hitlers" tituliert – bereits 1922 in die Formel seiner *Politischen Theologie* packte. Demnach seien alle modernen politischen Konzepte „säkularisierte theologische Begriffe". Und damit wollte er sagen: Ob Republik oder Diktatur, jede *rein* weltliche Macht erscheine letzten Endes als ein Gewaltverhältnis, das sich aus bloß zufälligen Stärkeverhältnissen ergebe.

Folglich behauptet der politische Theologe, dass wahre Führerschaft notwendig in einem außerpolitischen Fundament wurzle. Schmitt schwebte bei jenem Fundament der Rechtsgrund göttlicher Stellvertretung vor, die im heiligen Wesen des Volkes gründe. Tatsächlich war dieser Rechtsgrund unter Hitler dasjenige, wodurch alles Recht in sein radikales Gegenteil verkehrt wird. Der Grund, Abgrund, von dem ich spreche, ist das – mit Kants Worten – „böse Herz" des Menschen, das aus der unbegreiflichen Tiefe der gefallenen menschlichen Natur zur Herrschaft drängt.

Und deshalb stellt sich am Ende die bange Frage: Bewegen wir uns im Westen, der aus humanitären Motiven einer Ethik der Immanenz das Wort redet, unterschwellig wieder auf eine Politik des „Heiligen" – und damit auch: des Radikalbösen – zu, man mag sie faschistisch nennen oder anders? Die Sehnsucht nach einer Renaissance der Heilsgeschichte regt sich gerade im menschenrechtlich bemühten Europa immer spürbarer.

So gesehen wären Hitlerspaß und Hitlerernst gleichermaßen Ausdruck einer schwelenden Verdrossenheit und eines untergründig zehrenden Verlustgefühls. Spaß und Ernst der Naziunterhaltungs- und Nazibesinnungsindustrie würden sich des Faszinosums Hitler bedienen, um dem Unaussprechlichen wieder näherzukommen – der Erlösung vom Primat des Säkularpolitischen, das alle „göttlichen" Werte umso mehr untergräbt, je demokratischer seine Grundsätze sind.

∗∗∗

Jahre sind unterdessen ins Land gezogen. Europa hat sich verändert, die Welt ist wieder einmal eine andere geworden. Wir schreiben das Jahr 2015, doch immer noch werden laufend Reportagen über Hitler gebracht. Alte „Enthüllungen" werden zu immer neuen Kaleidoskopen der „Unmenschlichkeit" montiert, deren Reiz gerade darin liegt, dass sie nichts Neues zu bieten haben. Die dargebotenen Nachrichten aus dem Leben des „Führers" sind schon längst zu Nazi-Evergreens geworden. Zwischendurch werden bizarre Episoden ausgeschlachtet, deren Mehrfachfunktion offensichtlich ist. Hitler soll „aufs menschliche Niveau herabgebracht" werden, ohne dabei den untergründigen Strom an Dämonie auszutrocknen, im Gegenteil. Es muss nur mehr und immer mehr Schmutz in die auratische Brühe gerührt werden. Denn zugleich gilt es, das Skandalinteresse der zusehends ermüdenden Konsumentenschar, repräsentiert durch unbestechliche Einschaltquoten, wieder hochzukitzeln.

Am 19. September 2015 läuft im Zweiten Deutschen Fernsehen (ZDF), einer öffentlich-rechtlichen Anstalt mit Bildungsauftrag, die Sendung *Hitler privat*. Man glaubt das Gebotene schon x-mal gesehen und gehört zu haben, und so ist es auch: Man hat das alles schon x-mal gesehen und gehört. Eine Episode allerdings gehört zu den wenig bekannten Intimbereichsanekdoten, die sich, weil mehrfach symbolisch kodiert, hervorragend ausschlachten lassen. Äußerer Anlass ist das Todesurteil, das über einen ehemaligen Schulkameraden Hitlers verhängt wurde, nachdem jener ungeniert ausposaunt hatte, was viele einstige Mitschüler Hitlers angeblich ebenfalls wussten, ohne freilich, und zwar in weiser Zurückhaltung, das Geheimnis zu lüften. Laut Erzählung des dann ob seiner Geschwätzigkeit zum Tode Verurteilten sei dem jungen Adolf, der eine Schülerwette einzulösen hatte, ein Stück des Penis abgebissen worden – und zwar von einem Ziegenbock, dem er ins Maul „pinkelte".

Die Vorstellung, dass der Mann, den Millionen als deutschen Heilsbringer, ja als Inkarnation des arischen Erlösers verehrten, ein Stück seines Fortpflanzungsorgans entbehrte, durfte sich in den Köpfen der Untertanen nicht ausbreiten. Der Überbringer der Nachricht – so sie denn stimmten sollte – musste als Frevler, als Giftschleuder gebrandmarkt und ausgetilgt werden. Die Frage, wie der Sex eines derart lächerlich „Entmannten" aussehen mochte, durfte sich erst gar nicht stellen. Dass uns die Ziegenbockgeschichte heute noch in scheinseriöser Aufmachung präsentiert wird, liegt – abgesehen vom ständig akuten Boulevardkitzel – an ihrer Doppelfunktion: Indem über das Intimleben der weltgeschichtlichen *Unperson Hitler*

degoutante Einzelheiten kolportiert werden – auch von der Kopro-
philie des „Führers" war schon zu hören –, demonstriert man schein-
heilig eine Distanz, die subkutan gleich wieder zurückgenommen
wird. Denn die peinsamen Details fügen sich in den Kontext einer
Berichterstattung, deren „Interesse" gerade aus dem politisch-theolo-
gischen *Faszinosum Hitler* herrührt.

Kein Zweifel, die Lage ist systematisch zweideutig: Hitler fasziniert
nach wie vor. Die kultische Verehrung der „Bewegung" scheint unge-
brochen, blickt man auf die Entwicklung rechtsextremer Parteien in
Europa. Der Zuspruch unter Teilen der heranwachsenden Generation
ist eklatant, wobei die in den westlichen Demokratien unvermeidliche
Friedensgrisaille einer Mythenbildung rund um faschistische „Ideale"
zuarbeiten mag. Gleichzeitig – und im Gegenzug – wird die *dämoni-
sierende* Anti-Hitler-Rhetorik stumpf. Dazu trägt nicht nur historische
Aufgeklärtheit bei, die bis in den Elementarschulbetrieb reicht. Es
gibt, neben der perennierenden Sakralisierung des „Führers", auch
dessen zunehmende Profanisierung. Hitler soll das absolut Böse verkörpern? Das Glied des Teufels mag verkrümmt und mit Widerhaken
versehen sein, es ist jedenfalls ein mächtiger Phallus, kein erbärmlicher
Rest, der vom erzürnten Biss eines Ziegenbocks übrigblieb ...

Selbst wenn man jener Anekdote ihren marginalen Platz zuweist,
so bleibt es wahr, dass angesichts der vielen neuen Gesichter und Gestalten, die sich mittlerweile am Marktplatz des Radikalbösen tum-
meln, Hitlers Dämonie „historisch" zu werden beginnt. Theodor W.
Adorno hatte einst dekretiert, nach Auschwitz sei kein Gedicht mehr
möglich – ein Urteil, das er später, in seiner *Negativen Dialektik*,
halbherzig relativierte. Ursprünglich wollte das großbürgerlich-kunst-
sinnige Schulhaupt der neomarxistischen Frankfurter Schule festhalten, dass kein künstlerischer Zugriff an die Realität des Holocaust
heranreiche. Vielmehr verharmlose die Ästhetisierung, der „schöne
Schein", das Unausdenkbare, Unaussprechliche. Darüber hinaus gehörte Adorno, trotz seiner Parteinahme für die Soziologie als „Kriti-
scher Theorie", zu jenen Denkern, welche gerade den empirisch be-
triebenen Humanwissenschaften zum Vorwurf machten, das Limes-
ereignis „Auschwitz" zu banalisieren, indem sie es *verinnerweltlichten*.
Weder Geburt noch Herkunft noch Lebensumstände der Täter
schienen als Ursachen hinreichend, um dieses Ereignis in seiner apokalyptischen Bedeutung zu erfassen.

Der Kategorische Imperativ jeder Ontologie des Teufels muss lauten: Keine Psychologisierung, keine Soziologisierung des Radikalbösen! Und heute? Über Hitler und seine Untaten sind ganze Bibliothe-

ken voll psychologischer und soziologischer Weisheit angefertigt worden. Heute ist Hitler einer von uns, nichts an ihm entzieht sich dem innerweltlich Begreifbaren und, vom innerweltlich Begreifbaren aus, unserem moralischen Urteil. Der vernünftige Zeitgenosse wird, bei aller Zustimmung zu allen Gedenktagen der Opfer des Nationalsozialismus, in Hitler kein Moment einer metaphysisch ausgelegten Dämonie mehr erkennen wollen.

War also mein eigener Kommentar zum Gedenkjahr 2008 seinerseits Ausdruck einer archaisierenden Haltung: eines irrationalen Glaubens an das Sein des Radikalbösen? Als nach dem Kriege Geborener begegnete mir das Radikalböse zunächst in seiner verschatteten Form: im Schweigen meiner Elterngeneration, einem verstockten, mitleidlosen Schweigen. Es galt, sich zu verschweigen. Doch was war es, worüber man schweigen musste? War es der Umstand, dass man unter den Nationalsozialisten weggesehen hatte oder nicht hinsehen hatte wollen, als das Teuflische sich mit Pathos und Brachialgewalt im ganzen Land breitmachte? Oder war es das stumme Postkriegselend, welches nicht nur in der Demütigung des Verlierers gründete, sondern vor allem darin, dass die Teufel noch unter uns waren? Dass man sie, gleichsam aus den Augenwinkeln, wieder hervorströmen sah, ihnen begegnen musste, da und dort und überall, in den Ämtern, den Schulen, den medizinischen Ordinationen, auf dem Katheder der Universitäten und gleich ums Eck, wo früher die Blockwarte patrouilliert hatten?

Ja, ich denke, jenes Schweigen hatte seinen tiefsten Grund – tiefer als das dumpfe Gefühl einer untilgbaren Schuld an den Opfern – wohl darin, dass man weiterhin mit dem Bösen leben musste, mit dem Erzübel, von dem man hierorts nicht erlöst wurde, auch nicht durch den Frieden. Indem das Böse von außen eingebrochen war oder sich eingeschlichen hatte, weckte es den Resonanzboden, der in der eigenen Seele schlummerte. Der Abgrund hatte nach dem Abgrund gerufen, und nun wusste man, dass man selbst einer war.

Mir kommt also vor – und dafür werden wir Gründe zu nennen haben –, dass sich gerade in der *Vermenschlichung Hitlers* wesentlich mehr verbirgt, als ein aufklärungsbeflissener und zugleich abgekühlter Standpunkt erraten lässt, der zu Recht den Namen „Humanistischer Realismus" verdient. Humanistischer Realismus – oder „Realistischer Humanismus" –, das ist jener Standpunkt, wonach dem Menschen das Böse, inklusive der Anlage zum „unmenschlich" Bösen, angeboren und in eben dieser Angeborenheit eben *auch* ein Merkmal des Humanum zu erblicken sei. Das Radikalböse wäre demnach, im äußersten Fall, ein genetisch überdauernder Rest aus dem subhumanen Reich des Lebens, unter dessen genetischen Überlebensfunktionen sich jene finden müssten, die unter humanmoralischen Gesichtspunkten bedingungslos verdammenswert scheinen: all die mörderischen Phobien und Grausamkeitsgelüste, mit denen sich der blinde Wille zur Macht evolutionär aufmunitioniert hatte.

Nein, die Vermenschlichung Hitlers repräsentiert darüber hinaus eine Abwehrhaltung, die uns vor der *metaphysischen Einsicht* schützen soll, dass der Mensch, gedacht als ein ethisches Wesen, nicht ganz Mensch zu werden vermag, bevor nicht, am Ende aller Tage, noch das Böse von sich selbst – von seinem eigenen bösen Wesen – erlöst wird. Es geht nicht darum, durch Aufklärung, demokratische Lebensform, moralische Grundhaltung, von einem angeborenen Hang zum Bösen „erlöst" zu werden. Es geht nicht um menschliche „Selbsterlösung" im Sinne der Aufklärung: nicht um den von Kant geforderten Ausgang aus der selbstverschuldeten Unmündigkeit.

Keine Aufklärung, keine Humanität kann den *Hitler in uns* entschulden.[4] Erst muss das Böse vom Bösen erlöst werden, dann kann der Mensch in Hitler hervortreten – „im Glanz der Erlösung". Das allerdings bleibt für uns Endliche die unüberschreitbare Grenze. Für uns muss („muss" im Sinne eines kategorischen „sollte") Hitler eine *ontologische* – nicht bloß ethische – Erscheinungsform des Bösen bleiben oder wir sind dabei, mit den womöglich besten humanitären Absichten vor dem Teufel zu kapitulieren.

2.
SPIELE DER SUBVERSION

Geboren 1950. Was mich – und viele meiner Generation – betrifft, ist der Teufel eine ästhetische und politische Spielmarke geblieben, solange es darum ging, in der schlechtesten aller möglichen Welten, als die wir uns die unsere dachten, intellektuell Position zu beziehen. Die junge rebellische, „systemkritische" Seele blieb angesichts der satanischen Verlockungen ziemlich kalt.

Kein Zweifel, der Teufel spielte und spielt in vielen Gehirnen eine vitale, bedrohliche Rolle. Er ist ein Ideenvirus (*meme*), mächtiger noch als Gott, sobald das Virus in das Paranoia-Depot im Hintergrund psychischer Normallagen einzudringen beginnt. Davor ist der naive Einzelne nicht gefeit und das Kollektiv schon gar nicht. Doch unsereiner hatte den Mechanismus durchschaut. Wir jungen Intellektuellen waren über metaphysische Infektionsängste erhaben. Unsereiner benützte den Satan scheinbar souverän als polemisches Requisit. Kurz: Der Umgang mit dem Radikalbösen hatte stets einen spielerischen Charakter. Er mochte zwar denkerisch und künstlerisch fulminante Ergebnisse zeitigen, trotzdem – oder gerade deshalb – blieb er der Sphäre des Uneigentlichen, die manchem Gläubigen als frivol erscheinen musste, verhaftet.

Der Teufel faszinierte hierorts, im christlichen geprägten Europa, ja schon lange als durchaus eleganter, gebildeter, erotischer Verführer. Der Gottseibeiuns wurde zum Entertainer eines zwar nicht akkurat amoralistisch, doch immerhin nicht moralistisch gestimmten Publikums. Das Inbild der gepflegten satanischen Bildungspersonifikation ist Goethes Mephisto, der sein wahres Wesen erst offenbart, wenn es darangeht, den Sünder in den Höllenpfuhl abzuschleppen – es sei denn, noch im letzten Moment senkte sich göttliche Gnade über die arme Seele. Beim Salzburger *Jedermann* des Hugo von Hofmannsthal darf sich das Publikum seit mehr als einem halben Jahrhundert am schaurigen Drama des reichen Mannes delektieren, wobei die katholischen Betschwestern-Monologe unterdessen reichlich aus der mondänen Festspielzeit gefallen wirken (falls sie von der Regie nicht ohnehin umstandslos weggekürzt werden).

Darüber hinaus dient der modern „angelegte" Teufel als reinigende, ja regelrecht kathartische Provokationsfigur. Ist seine Waffe, statt

der schlauen, tückischen Verstellung, im Gegenteil die schonungslose
Wahrheit, dann wird auch nichts mehr unter dem Mantel des
Schweigens verborgen bleiben. Alle kleinen schmutzigen Geheimnisse
werden gelüftet. In dieser Rolle betreibt der Teufel die Demaskierung
einer als widerwärtig empfundenen Konvention, einer Übereinstim-
mung im Falschen, ob religiös, moralisch oder ästhetisch. Im teuflischen Offenlegungsbetrieb wird die Sphäre des Uneigentlichen um-
gepolt. Aus dem Inbegriff des Seelenfallenstellers und Verbreiters falschen Scheins wird, im Gegenlicht der allgemeinen Lebenslüge, eine
mephistophelische Wahrsager-Figur im buchstäblichen Sinne des
Wortes: einer, der allen Verstockten, die sich hinter der Kulissen-
schieberei ihres Daseins verschanzen, den grausamen Spiegel der
Nichtswürdigkeit vorhält.

Der ernst, todernst gemeinte Teufel hingegen – jener Teufel, der
seit jeher im Zentrum des religiösen Fühlens stand – war stets ein
Meister seelentiefer Ängstigung gewesen, ein Auslöser panischer
Furcht. Er quälte die Lebenden und die Toten. Sein Metier war die
Bereitung ewiger Marter und Verdammnis. Der Zusammenhang zwischen Teufels- und Höllenfurcht im Christentum bedarf keiner Dis-
kussion. Die *Offenbarung des Johannes* zeigt uns im letzten Buch des
Neuen Testaments einen Satan, der, gemeinsam mit seinen diabolischen Heerscharen, die Menschheit auf der altgewordenen, verrotte-
ten Erde solange mit apokalyptischen Kriegen überzieht, bis er selbst,
Fürst aller Dämonen, im Feuersee versenkt und die Hölle für immer
versiegelt wird. Das ist das Werk des siegreichen Messias, der, vom
Himmel her in strahlender Rüstung hoch zu Ross, all dem irdischen
Elend ein Ende bereitet, freilich um einen hohen Preis. Diejenigen,
die dem Teufel und anderen Götzen angehangen haben, aber auch
alle Getauften, die es reuelos an Glaubenseifer haben fehlen lassen,
nicht zuletzt alle, die dem sündigen Fleisch zugetan waren – die verdammten Massen des Menschengeschlechts (*massae damnatae*) –,
werden dem Feuer übergeben, ohne Hoffnung auf Erlösung.

Kein Wunder also, dass der Teufel stets auch ein Brandbeschleuniger für allerlei Vernichtungsgelüste gegenüber verhassten, gefürchte-
ten Gruppen und Individuen war. *Ubique daemon*, der Teufel ist
überall: Wer sich von dieser Devise leiten lässt, dem wird bald aus allem die Fratze des Bösen entgegenstarren. Die *Ubique daemon*-Ma-
xime nährt den Generalverdacht, der sich je nach Gelegenheit kon-
kretisieren lässt. Es gibt eine rhetorisch prächtige Stelle im ersten
Petrusbrief, welche – so die Kritik, die noch beliebig andere Stellen
zitiert – der Teufelsparanoia Vorschub geleistet haben soll: „Seyd

nüchtern und wachet, denn euer Widersacher, der Teufel, gehet umher wie ein brüllender Löwe, und suchet, welchen er verschlinge." (Kap. V, 8)[5] Daraus entwickelte sich angeblich, im Zusammenfluss mit vielerlei Dämonenängsten, jene Gestalt des Teufels, dessen phantasierter Realpräsenz sich Hexenwahn und Inquisition, die Volksfeste der Foltern und lodernden Scheiterhaufen verdanken.[6]

Man darf indes bezweifeln, ob das teuflisch Böse, welches von außen in die Welt einbricht, für die westliche Moderne eine mehr als verschroben-abseitige, wenn auch massentauglich-unterhaltsame Rolle spielt. Die zunehmende Verdichtung von Immanenz, das Innerweltlichkeits-Konzentrat namens „aufgeklärte Welt" lässt keine systematischen Durchbrüche ins Übersinnliche mehr zu – außer in Gestalt mannigfach „literarischer" und synkretistisch gestückelter Formen einer schwarzen Esoterik, die, durch Angstlusterzeugung bei ihren Liebhabern und Adoranten, vom Druck des rundgeschlossen Profanen entlastet.

Heute existieren zahlreiche Teufelslehren samt kultischen Praktiken, doch ohne jenen absoluten Schrecken, jene zugleich metaphysische *und* körperliche Qual, die einst den Exorzisten auf den Plan rief. Der Freizeit-Satanismus wurde zu einem Element jener buntgesprenkelten Sektenkultur, die das Christentum beerbte. Diese Kultur, oder Unkultur, vermengte sich sowohl verschleiert als auch offensiv mit allerlei afrikanischem Schwarzzauber- und Dämonenhokuspokus, am spektakulärsten wohl in den verstreuten – und naturgemäß streng geheimen – Zusammenkünften diverser Voodoo-Jünger-Zirkel.

Für große Teile der modernen Welt, zumal der europäischen, ist es im Übrigen der Fall, dass der Teufel „bekannt aus Film und Fernsehen", eine weitaus vitalere Figur abgibt als der „liebe Gott" oder gar jener durch und durch moralisch gebundene, im Wesen makellos ethische *Gott aller Menschen*, dem es an heiliger Willkür gebricht. Kraft solcher – allem Menschlichen vorgeordneten – Willkür wird ja erst ein nicht weiter befragbares und daher, unter der Bedingung äußerster Glaubenssehnsucht, befriedigendes Gnadenhandeln Gottes möglich. Im archetypischen Wunderwunschkreis können mit dem Teufel und seinen Dämonen nur noch die Engel konkurrieren. Diese formieren sich zu einer im Gebet und Flehen *ansprechbaren* Schutzmacht gegen die Umtriebe des Bösen.

Bei all dem ist jedoch festzuhalten, dass das Teuflische ebenso wie das Engelhafte heute gleichermaßen dem Kontext einer Zivilisation zugehören, die zwar ganz und gar nicht frei ist von Irrationalismen, Jenseitssehnsüchten und Nachtodeshoffnungen; doch ebendiese Zivilisation stellt derlei Strebungen und Wirrungen, die aus der Archetypik des Menschlichen erfließen, keine gemeinsam geteilte – alltagsontologische oder scholastische – Basis mehr bereit. Weder der Metaphysik noch der Theologie kommt in unserer Kultur ein Status zu, dem neben den großen Wissensproduzenten Naturwissenschaft und Technik irgendeine epistemologische Gleichwertigkeit eingeräumt würde; stattdessen: radikaler Autoritätsverlust. Das Feld des Übersinnlichen trifft im besten Fall auf wohlmeinende Toleranz, im schlimmsten Fall hat es mit dem Vorwurf zu rechnen, es sei eine Brutstätte nicht zu tolerierender Obskurantismen.

Zweifellos ist auch die Faszination des Teufels einem Kulturwandel unterworfen. Welche Anreize hinter Dantes Höllenkreisen gewirkt, welche Albträume, ob spontan oder kalkuliert, die Martergärten eines Hieronymus Bosch oder die hochromantischen Universen des Bösen hervorgetrieben haben mögen, man denke bloß an William Blakes grandiose Visionen: Sie alle stammen aus kollektiven, durch geniale Künstlerindividuen fortgestaltete Tiefen und Untiefen. Demgegenüber wirkt – um eines der nachhaltigen Beispiele zu zitieren – William Friedkins *The Exorcist* aus dem Jahre 1973 fast durchgehend als ironisches Zitat, während die Romanvorlage von W. P. Blatty keineswegs eindeutig war – immerhin, etwas blieb vom alten Grauen, überdauerte im Popcornkino.[7]

Der Hollywoodexorzismus repräsentiert gerade in seinen intelligenteren Produkten eine *pseudoarchaisierende* Reaktion auf den Siegeszug und die Trivialisierung der tiefenpsychologischen Aufklärung hinsichtlich des Bösen. Was aus dem Freud'schen Unterbewusstsein unaufhörlich auszubrechen und die dünne Decke der Zivilisation wegzuschmelzen droht, wird vom Kino für die Massen assimiliert, indem es die Teufelssymbolik lustvoll ins Horrorbild umsetzt. Auch wenn Freud, der Atheist, sich gegen eine dämonologische Interpretation seiner Triebtheorie strikt verwahrt hätte, lässt sich kaum leugnen, dass vieles von dem, was man einst dem Wirken des Teufels zugeschrieben hatte, nun tief unten, im Keller der Psyche, als glühende Libido-Lava brodelte – als das „polymorph Perverse", ob inzestuöse Beischlaf- und Vatermordgelüste, Koprophilien oder orgiastische Blutphantasien. Daneben nimmt sich der hysterische Formenkreis bei jungen Frauen mit Elektrakomplex regelrecht biedermeierlich aus: ein Exzess für Höhere Töchterschulen.

Die Masken des Teufels sind unzählige, ihre Stärke ist es, ständig das Aussehen zu wechseln. Es bedarf einer Tiefenphysiognomik, um hinter all den Verkleidungen das immerselbe Muster zu erkennen.

Was also ist des Pudels Kern? Doch wohl nicht das Diskurstheater des Goetheschen *Faust*. Darin wird das tiefste Dunkel des Menschen und der Welt überhaupt auf das Niveau einer Bildungsbürgerphantasie angehoben. In Goethes „Tragödie" verlaufen Größenwahn und Weltbeherrschungssucht auf jener zivilisierten Bahn, die humanistisch „Macht durch Wissen" heißt. Und die amoralische Geilheit des Mannes kleidet sich in die Ausdruckssymbolik der hochpoetisch-unsterblichen Liebe.

Oder liegt gerade darin, in dieser schöngeistig möblierten Klassizität des Satanischen, des Pudels Kern? Der Teufel ist ein ausgefuchster Charmeur, der weiß, was sich geziemt. Es könnte sein, dass Goethe am Tiefsten schaute, indem er uns seinen Mephisto als intellektuellen Verführer zeigt, welcher, voll von sprühendem Esprit, die Kunst der unterhaltsam gebundenen Rede aus dem Effeff beherrscht. Dieser Teufel hat Züge angenommen, die, wenn auch komödiantisch verzerrt, ihn seinem Herrn und Meister, seinem Schöpfer als ebenbürtig erscheinen lassen. Gott selbst ist im Goetheschen Drama bereits der große Abwesende, der seiner Schöpfung nur noch implizit, im Sinne einer heilsgeschichtlichen Rückversicherung, innewohnt – in philosophisch blasser Begrifflichkeit: „inhäriert".

Goethes Mephisto ist, laut Textbuch, „ein Teil von jener Kraft, die stets das Böse will und stets das Gute schafft" (Gretchens Tragödie steht noch aus, doch wenn sie erst vollendet sein wird, trifft den Teufel keine Schuld, denn das Unglück entspringt der frei gewählten Unmoralität des Faust). Hier, in der notorischen Studierzimmer-Szene, beginnt ein Spiel der Umbesetzung, das für die Neuzeit und Moderne – und besonders die Spätmoderne – typisch ist. Gott, die Kraft, die stets das Gute will, lässt sich nur dank des Teufels am Leben erhalten. Ja, der Teufel *wird* Gott, soll dieser, als durch und durch moralisiertes Absolutum, nicht so gut wie tot sein. Und ist Gott, was das menschliche *Bedürfnis nach Heiligkeit* angeht, nicht tatsächlich tot?

Fortan steht auch die Hölle leer. Der Teufel, „bekannt aus Film und Fernsehen", hat Besseres zu tun, als arme Sünder im Feuerpfuhl mit Schürhaken und Zangen zu peinigen. Er kommt nun im Geschäftsanzug daher und treibt die Märkte und Börsen zum Wahnsinn. Er macht die Menschen das Leben lieben, bis sie sich vor lauter Lebensgier an die Gurgel gehen. Gleichzeitig wird der „Himmel" zu einem höchst zwiespältigen, dabei schillernden, auch zusehends verwilderten Ort. Die Bilder des lebendigen Gottes und des Teufels fangen an, einander zu überlagern und ineinander überzugehen. Dies bedeutet, dass sich in das Göttliche wieder allerlei Heidnisches zu mischen beginnt. Es ist, im Kontext der ethisch und blass gewordenen christlichen Kultur, die Geburtsstunde der *Fantasy*, von der sich Goethes Faust, der doch „ach! Philosophie, Juristerei und Medizin und leider auch Theologie" studiert hatte, noch nichts hätte träumen lassen.

Was mich betrifft – und mein Fall stehe pars pro toto –, so habe ich in meinen fortgeschrittenen Gymnasialjahren selbstverständlich Baudelaires *Fleurs du mal*, Rimbauds *Une saison en enfer* und Lautréamonts *Chants de Maldoror* gelesen. Jedenfalls habe ich sie eine Zeitlang, subversiv gestimmt, mit mir herumgetragen. Mit Jean Genets *Querelle* (1947) habe ich meine Mitschüler, denen mein Spiel mit heroisch-satanischer Subversion herzlich egal war, beeindrucken wollen. Dennoch verschonte ich einige Auserwählte nicht, indem ich ihnen, wie mir schien, besonders ruchlose Stellen aus dem Werk jenes Autors vorlas, dem kein Geringerer als Jean-Paul Sartre ein Denkmal zu Lebzeiten gesetzt hatte: *Saint Genet* (1952). Die Poesie des Bösen, das war für mich das wahre Odium, worin sich der Sinn des Sinnlosen enthüllte. Und was wäre für mich damals nicht sinnlos gewesen?

Natürlich war ich höchst interessiert an den Schriften des Marquis de Sade. „Interessiert", das heißt: Ich fand – was ich vor mir selbst halbwegs verbarg – das langatmige Aufrollen und Repetieren grotesker Perversionen, zwischen denen sich Schilderungen über das Wesen der mitleidlosen Natur im Allgemeinen und der natürlichen Grausamkeit des Menschen im Besonderen fanden, keineswegs fesselnd. Keine meiner jünglingserotischen Phantasien ging dort, bei den sadistischen Exerzitien des Marquis, auch nur ansatzweise in Erfüllung. Ja, ich konnte angesichts des angestrengt Dionysischen der ineinander verkeilten Körper voller Blut, Qualen und Wonnen ein Gefühl der Lächerlichkeit nicht abwehren.

Ähnliches empfand ich bei den, mir in einer antiquarischen Buchhandlungsecke zugefallenen, Gesprächsprotokollen der Surrealisten, die in elendslangen Sitzungen, in denen das Unbewusste strömen sollte, gelegentlich an gebrauchten Damenbinden schnüffelten, um anschließend darüber „frei" zu assoziieren. Ich war in meinem kleinbürgerlichen Gemüt offensichtlich weniger „avantgardistisch" gepolt, als mir lieb gewesen wäre. Und so wie mir erging es wohl vielen meiner Altersgenossen bei ihren privaten Initiationen in das Reich der Subversion, die sie aus den Zwängen ihrer stickigen „Kultur der Anständigkeit" hätte befreien sollen.

Nietzsches Fluch auf das Christentum war Ehrensache, Nietzsches Umwertung aller Werte machte den gotteslästerlichen Kitzel diskurstauglich. (Das Wort „Diskurs" lernte ich erst im Universitätsseminar mit geradezu religiöser Inbrunst verwenden, um es später dann, als Folge exzessiver diskurstheoretischer Lektüre, möglichst zu meiden). Der Antichrist in Gestalt des raubtierhaften, jedem Schmerz orgiastisch begegnenden Übermenschen war an die Stelle des lebensfeindlichen, dem Leiden anämisch hingegebenen Christengottes getreten …

Hier, in Stichworten, noch einige Faszinosa, die den nietzscheanisch gestimmten Halbintellektuellen entzückten und erschauern ließen, während er auf das Rumoren aus der Tiefe lauschte: Man horchte hinein und hinunter in den Seelenabgrund, wo alles Moralische, auch alles Helle, Augenvolle, Begriffliche eingeschmolzen schien in eine Ur-Lava des Lebens. Daraus stieg gleichermaßen Titanisch-Weltenbauendes und Ozeanisch-Todesseliges auf. Unwiderstehlich war der Sog genialischer Musik, der musikdramatischen Romantik und Spätromantik mit ihrem ästhetischen Mythozentrismus. Wagner und wieder Wagner: Der Gott rauschhafter Schicksalsklänge, die sich laut Nietzsche zu „dionysischen" Tonkathedralen auftürmten (abzüglich der Parzival-Verirrung des Meisters), diente der jungen Seele, der alles kirchlich Rituelle und somit seelenlos Liturgische zuwider war, als Horizont einer Erlösung, die sich ganz dem heilsgeschichtlichen „Dispositiv" des Christentums entwunden hatte. Dazu kam, am eiskalten anderen Ende der Schicksalsräusche, Darwin und der Darwinismus, die zermalmende Natur, *the survival of the fittest.* Da lief einiges zusammen und durcheinander, um dem Teufel die Monotonie des Bösen auszutreiben. Dämonie als Über- und Unterweltspektakel einerseits, das man unter dem Namen des Tragischen vom Logen- oder Stehplatz aus genießen wollte; Dämonie als das Natürliche andererseits, wovon in den Büchern, je populärer umso griffiger, nun die gelehrte Rede war, vom „sogenannten Bösen" bis zum „egoistischen Gen". Kunst und Wissenschaft hatten sich des Pudels Kern bemächtigt und sorgten für eine subversive Stimmung auf höchstem Niveau. Teufels Beitrag zu Gottes Werk war, so schien es den zum Weltensturz entschlossenen Gemütern, in die Endphase getreten. Gottes Werk *war* Teufels Beitrag.[8]

Die Liste der seminaristisch aufbereiteten Blasphemien ließe sich fast beliebig verlängern unter dem Stichwort aller Spätpubertären meiner Jungakademikertage: „Subversion" – das klang nach dem Ende der Langeweile in einer Welt, die sich dem Rationalen und Moralischen ergeben und dafür den Wonnen des Supranaturalen entsagt hatte. Was war denn geblieben unter dem angeblich so liberalen

Dach der Aufklärer, wenn nicht wichtigtuerische, engherzige Religionskritik und ein endloser Strom an ethischen Traktaten über die Gerechtigkeit und das statthafte Glück? So fragte unsereiner keck (und insgeheim gelangweilt, nervös und trostlos), um seine liberalen Lehrer davon zu überzeugen, dass man sich anschickte, die Gedanken von Morgen zu denken.

Am meisten ernüchtert wurde das junge stürmische Herz dadurch, dass – nach Hitlers Holocaust und Trumans Hiroshima[9] – die radikaldemokratische Befreiungsattitüde, die endlich von aller bösartig kleinbürgerlichen Gesinnung erlösen sollte, bald zwischen Drogentod, Terrorwahn und Neoopportunismus versandete. Wogegen hatte man nicht alles demonstriert im Namen neuer Bewusstseinsmodelle und einer besseren Welt? Gegen den Faschismus, die Bombe, das Abtreibungsverbot; gegen den Kapitalismus und seine verbrecherischen Machenschaften. Man hatte sogar reaktionäre Schuldirektoren an den Pranger gestellt, die gegen das Tragen langer Haare bei Exemplaren des männlichen Geschlechts und damit gegen den Untergang des Abendlandes kämpften – eine Widerstandslinie, die angesichts dessen, was danach kam, beispielsweise die Rote Armee Fraktion, die Bomben, der Terror, geradezu unschuldig-weltfremd wirken musste.

Mit einem Wort: Man (ich) sympathisierte zwar, rhetorisch heftig gestikulierend, mit der Generation der späterhin so genannten „Achtundsechziger", weil diese von ihrer biedermännischen Elterngeneration als Ausbruch anarchischer Triebhaftigkeit gefürchtet und entsprechend verteufelt wurde. Doch der Auf- und Ausbruch sollte nicht lange währen. Schon für die Jüngeren unter uns hatten die „Altlinken" lange Bärte, ungeachtet der Ziele, die tatsächlich erreicht oder zumindest im Ansatz realisiert wurden – von der „sexuellen Revolution" über eine kompromisslos emanzipatorische Geschlechterpolitik bis hin zur Radikalreform des gesamten Erziehungs- und Bildungswesens. Unerwartet, und für das „revolutionäre" Unterfangen tödlich, war allerdings die Flexibilität, die Anpassungsfähigkeit des verhassten Systems: Es machte, nach einigem mehr oder weniger heftigen Widerstand, die Sache seiner Gegner Schritt für Schritt zu der eigenen. Diese Systemelastizität nannte man damals seitens der bereits angealterten Jungrevolutionäre „repressive Toleranz" und sie hatte zur Folge, dass man sich, um der Reinheit der Sache willen, entweder immer weiter radikalisierte oder sich mit den Mächten des Bösen auf einen gemeinsamen Kurs einpendelte.

In den Neunzehnachtzigerjahren war nicht mehr übersehbar, dass – um beim Bild zu bleiben – die Bärte wieder ab waren. Die Revolu-

tion war versandet, in irgendwelchen Haschischecken und anderen
Asylen gelandet, oder aber ihre Anhänger von einst waren inzwischen
bieder, ja anpassungseifrig geworden. Die eben noch oppositionelle
Intelligenz bildete ein neues karrierebewusstes Establishment, während im Neoliberalismus, unter den Bedingungen ökonomischer Ver-
elendung im Land der Beatles und Rolling Stones, eine neue, hyper-
proletarische Protestkultur herangewachsen war. Zwischen Yuppies
und Punks verliefen nun die Fronten.

Da war es als „subversiv" Gestimmter verlockend, sich mangels einer realutopischen Perspektive an den äußersten Rand des Irrationalen hinzuphantasieren, nach dorthin, wo der Teufel seine apokalyptischen Grimassen schnitt. War die Welt nicht The Devil's Party? War
das Gute in Wahrheit nicht die raffinierteste Maske des Bösen? Und
waren nicht diejenigen Denker am authentischsten, die aus der *Fuck
the System!*-Haltung eine Philosophie der Umwertung aller Werte –
schon wieder, aber dieses Mal ohne spätromantische Lebenseuphorie
– herausphilosophierten? Jetzt hatten die Neonietzscheaner Saison.

1970 wurde Michel Foucault auf den Lehrstuhl *Geschichte der
Denksysteme* am Pariser Collège de France berufen, als Grande établis-
sement die prestigeträchtigste wissenschaftliche Institution Frank-
reichs. An die Stelle der Kritik des Christentums war eine radikalisierte Form der Aufklärung getreten: die Archäologie der Macht. Diese attestierte allem Wissen, ja der Wahrheit selbst, einen Repressions-
charakter, ob bildungsbürgerlich oder sozialistisch. Auch noch das
emanzipatorische Apriori oder Interesse, das der linksintellektuellen
Fraktion der Sechzigerjahre als Aufklärung über die Aufklärung, als
Befreiungswissen eingeleuchtet hatte, erschien nun als Teil eines
„Dispositivs" umfassender Kontrolle unter dem Deckmantel eines
endgültigen „Ausgangs" des Menschen aus der – von Kant dekretier-
ten – selbstverschuldeten Unmündigkeit.

Den Platz des nietzscheanischen Übermenschen, dieses ins Titanenhafte gesteigerten Egomanen, nahm schließlich der „Multischizo"
eines Gilles Deleuze und Félix Guattari ein. Ihr Buch *L'Anti-Oedipe*
(1972) wurde auch im deutschen Sprach- und Denkraum rasch zur
intellektuellen Kultware, gegen den hartnäckigen Widerstand von
Habermas & Co., den zahmen akademischen Erben der Frankfurter
Schule, die auf den „zwanglosen Zwang des besseren Arguments"
setzten (was immer das heißen sollte[10]).

All diese wilden Denkereien kamen dem Drang nach immerhin
existenzieller Überlegenheit entgegen – Überlegenheit gegenüber dem
grassierenden Karrierebiedersinn und der allgegenwärtigen Experten-

besserwisserei. Als Antimoralist demonstrierte man grandiosen Weitblick, man beschwor kaltblütig die abgründigen Tiefendynamiken des untergehenden Abendlandes. Dazu kam der *Gothic*-Chic. Er war bereits Anfang der Achtzigerjahre ein Geheimtipp für all jene gewesen, denen die Popszenerie zu „brav", weil zu massentauglich geworden war. Was freilich mich selbst betrifft – und ich nehme mich wieder als typisches Exemplar einer spätavantgardistisch abgekühlten, durchaus karrierewilligen Protestkultur –, so verspürte ich nicht das geringste Verlangen, irgendwelchen obskuren, im Übrigen ihrerseits rasant vermarktbaren, Pseudokulten anzuhängen, etwa der satanischen *Dark Wave*. Deren schwarze Theatralik und düstere Teufelsschwärmerei berührten mich unangenehm; eine peinliche Sache, eher für „Prolos", die man damals noch nicht so nannte.

Als ein Zeitgenosse der aufgeklärten Moderne hatte ich im Teufel eine Figur sehen wollen, in der sich, attraktiv für den Typus des geistig Halbwüchsigen, das ungebändigt Sinnliche und der Widerwille gegen dasjenige, „was man tut" – gegen das durchschnittlich gedankenlose, durchschnittlich konventionelle, an die sogenannten Realitäten angepasste und entsprechend sehnsuchtslose Erwachsensein –, revanchistisch zusammenballte. Was mir dabei entwicklungsbedingt entging, war die *Infantilisierung des Bösen*. Dazu gehörte, dass sich die Erwachsenenphantasie, die lange dem Utopismus der anlaufenden Moderne verhaftet gewesen war, apokalyptisch aufzuladen begann, allerdings ohne den Ernst der Letzten Dinge.

Schon bei den Romantikern, bei Nietzsche und erst recht bei den Surrealisten – und was sonst noch an Umwertern aller Werte zu nennen wäre – war dem Unheimlichen, der Bilderstürmerei und dem Amoralismus, obwohl ingeniös inszeniert, ein gewisser infantiler Zug anzumerken. Edgar Allan Poe, dem Klassiker des Genres, mag man hohe stilistische Reife und einen abgründig-visionären Weitblick bescheinigen; das „kindische" Moment solch albtraumhafter Geschichten wie jener des Todespendels (*The Pit and the Pendulum*, 1842) ist dennoch kaum zu überlesen. Man mag den Grusel genießen oder nicht, er hat sich aus dem tieferen Ernst, der wahrhaft existenziellen Betroffenheit herausgedreht. Aus der Furcht-und-Zittern-Mentalität, die für das christliche Bewusstsein konstitutiv und von epochenbildender Kulturwirkung war, ist schließlich das weitgefächerte Angebot des massenmedialen Horrorgenres mit seinen Stereotypen des Teuflischen und des Untoten geworden.

Ab einem bestimmten Zeitpunkt des modernen *Traditions-Ekels* wird der Infantilismus zu einer Triebkraft, die – unpolitisch und unterhaltsam – im Umgang mit dem Radikalbösen nicht mehr zu den Waffen der Religion, zum Terror des Glaubens greifen möchte, sondern prinzipiell literarisch und ästhetisch bleibt. Sobald sich der entängstigte Umgang mit dem Teufel auch noch der Aggressivität der Moderne gegen ihre eigene Traditionslast entledigt hat – mit anderen Worten: sobald die Avantgarde aufhörte, „subversiv" zu sein –, sinkt das Literarische und Ästhetische ins belanglos Vulgärpopuläre ab. Eine verwilderte, aus Requisiten des menschheitsgeschichtlichen Mythenerbes wirr zusammengestückelte Großkultur des Bösen entsteht. Sie reicht von Vampiren, Aliens, Werwölfen und Zombies bis zu den Satanskulten, die sich heute mehr denn je breitflächig vermarkten lassen und praktisch auf allen Bildungsniveaus reüssieren. Noch im Schlamm der lebenden Toten scheint mehr Leben zu stecken als im makellosen Reich des Guten (was immer das war und sein soll). Das Gute – und damit auch der universalisierte Friedensgott der Aufklärung – bekommt Substanz und Verve erst wieder, indem es gegen das Böse zu kämpfen und die letzte Schlacht zu schlagen gilt.

Darin gründet der manichäische Zug des seinem Wesen nach heidnischen Synkretismus, wie er sich beispielhaft, hochliterarisch gestylt und dann massentauglich designt, in J. R. R. Tolkiens *Herrn der Ringe* findet, dessen Original bereits 1954/55 erschienen war. Gut und Böse sind in der *Fantasy*-Welt (fast) gleichursprüngliche Mächte und als solche transmoralische Größen, die gegeneinander kämpfen *müssen*. Das Gute würde ins Zwergenhafte schrumpfen und an seiner eigenen Blässe zugrunde gehen, gäbe es nicht die Herausforderung des absolut Bösen, des glühenden Turms am Ende der Welt – eine Gegenphantasie zum Neuen Jerusalem.

Da es aber das Böse gibt – und nur solange es das Böse gibt –, kann sich das Gute an ihm *bewähren*. Wenn am Schluss das Gute endgültig triumphiert, so doch nur dank des Bösen, ohne welches es keine Welt, keinen Kosmos, keinen Krieg als Vater aller Dinge jemals gegeben hätte. Folgerichtig hat die *Fantasy* niemals ein glaubhaftes Bild des Friedens entworfen. Man geht nach Hause, nirgendwo mehr liegt der Teufel – in welcher Erscheinungsform auch immer – auf der Lauer, das Radikalböse ist ausgelöscht, zu nichts geworden. Dies ist dann der Beginn der immerwährenden Großen Langeweile. Nur das Ende der Geschichte, die letzte Zeile des Buches, das letzte Bild der digitalen Saga schützt den bewegten Zuschauer vor dieser niederschmetternden Erkenntnis.

Wo einst die Paradieses-Sehnsucht, dann die Utopie und dann die Subversion war, ist nun das zwergenhafte Leben im Zwergenland getreten. Und auch die Feenvölker wissen nicht mehr, wozu sie gut sein sollen. Im blühenden Auental, gereinigt vom Bösen, ist die Idylle des Guten der Tod im Leben.

3.
EINE LEBENSFEINDLICHKEIT NAMENS GOTT

Schon längere Zeit wuchs in mir das Bedürfnis, mich ausführlicher dem Radikalbösen zuzuwenden. Ich wollte eine „Ontologie des Teufels" schreiben. Doch erst beim Schreiben selbst fasste ich den Mut, mir einzugestehen, warum ich eine solche – für mich wenig attraktive – Unternehmung in Angriff genommen hatte. Während ich Jahr für Jahr, über Jahrzehnte hinweg, Hundertschaften von Studierenden in das Fach „Ethik" einzuführen versuchte, wuchs in mir die Gewissheit, dass wir als Vernunftwesen zu schwach sind, um aus uns selbst eine Moral zu entwickeln, die von allen mit guten Gründen angenommen werden sollte. Unsere menschlichen Gründe sind dafür niemals ausreichend.

Woran liegt das? Es liegt allen naturalistischen Beteuerungen zum Trotz daran, *dass wir von Natur aus böse sind.* Ohne allzu starkes Gewicht auf diese Aussage zu legen – sie ist ohnehin hochmetaphysisch und daher für viele unannehmbar –, wollte ich von Anfang an auf den Zusammenhang zwischen jener Neigung zum Bösen, die sich jeder empirischen Erklärung widersetzt, und solchen Situationen hinweisen, die mit dem Gefühl einhergehen, unsere Seele sei in Gefahr. Denn es ist meines Erachtens das bedrängende Erlebnis, *entseelt zu existieren,* das uns eine Ahnung vom Radikalbösen vermittelt. Dieses lauert in uns. Es wartet auf den rechten Augenblick, um uns in Lebendtote, in seelenlose Wesen zu verwandeln. Viele von uns leiden darunter, sich nicht mehr lebendig zu fühlen. Mythologisch gesprochen liegt hierin der Triumph des Teufels.

Ich wollte also, indem ich auf eigene Erlebnisse zurückgriff, mir selbst Klarheit darüber verschaffen, worin der intime, unauflösbare Zusammenhang zwischen dem Radikalbösen und unserem Gefühl gründet, als „Zombies" durchs Leben zu gehen. Daraus folgte für mich im Umkehrschluss – und auch hierbei kamen mir eigene Erfahrungen zu Hilfe –, dass alles, was beanspruchen darf, *wirklich* gut zu sein, mehr als gut im ethischen Sinne sein *muss.* Es muss uns darin bestärken, dass wir beseelte Wesen sind, das heißt Kreaturen, die, indem sie gut handeln, nach Lebendigkeit streben.

Soll unser Lebendigkeitsstreben gelingen, bedarf es einer – wie soll ich sagen? – Eingeborgenheit im Geist. Früher hätte man wohl vom *lumen supranaturale*, vom Gnadensinn gesprochen, und ich werde mich nicht scheuen, auch solche Begriffe zu verwenden, wo und wann immer mir keine weniger anspruchsvollen zur Verfügung stehen. Als ethische Wesen sind wir am Absoluten, „Göttlichen", das die Welt durchstrahlt, ausgerichtet; in unseren moralischen Intuitionen steckt ein Überschuss, den ich bisweilen als *Kreatürlichkeitsapriori* bezeichne. Dessen menschenmögliche Verkörperung findet sich nicht in ethischen Prinzipien, sondern in einem Ideal, das jede menschliche Gerechtigkeit und Humanität übersteigt: der Misericordia oder Barmherzigkeit.

Barmherzigkeit, das ist primär, entgegen dem traditionellen Schein, kein religiös gebundenes Ideal, sondern eines, welches – ebenso wie das Böse – uns zugehört. Dieses Ideal ist uns wesenhaft „eingeboren", *inhärent*, sofern unsere menschliche Natur nicht bloß aus innerweltlichen Begriffen rekonstruiert wird. Aber wie wäre es möglich, sie derart zu rekonstruieren, ohne dabei der Seelenlosigkeit des Radikalbösen zuzuarbeiten?

Es scheint jedoch, streng genommen, unmöglich, eine Ontologie des Teufels zu schreiben, ohne dadurch eine gewisse religiöse Haltung zu bestärken. Man verdrängt gerne, dass auch der Teufel eine Moral hat, ja als Moralist brilliert. Was der Teufel *möchte*, ist Gerechtigkeit – *und sonst nichts*. Der entscheidende Punkt lautet: „und sonst nichts", denn die schlimmsten Teufeleien wurden stets von jenen begangen, deren unmenschlicher Anspruch lautete: Gerechtigkeit und sonst nichts! Gewiss, was wir tun *sollten*, steht unter dem Prätext des gerechten Lebens, welches für sich beansprucht, zugleich das gute Leben zu sein. Doch dieses ist, recht verstanden, eines nur unter dem Gnadensinn der Barmherzigkeit. Und die Barmherzigkeit schreckt nicht – „aus Gründen der Gerechtigkeit" – vor dem Übel zurück. Sie verdammt das Übel nicht. Ihr Sehnsuchtsziel ist die Erlösung nicht *vom* Übel, sondern des Übels *von sich selbst*.

Misericordia: Dieser Horizont des Menschlichen schließt den Tod des Teufels in sich. Jedoch weder das menschliche Herz noch die menschliche Vernunft verleiht uns, den postparadiesischen Geschöpfen, die Macht, das Radikalböse zu überwinden. Wir sind, auf uns allein gestellt, vor dem Bösen zu schwach.

***

Nähern wir uns unserem Thema, der Ontologie des Teufels, von der Seite – von dort her, wo Gott in die Rolle des Widersachers gedrängt wird, der, indem er sich gegen die Schöpfung wendet, die Kräfte der

Entseelung, der Lebensfeindschaft mobilisiert. In Peter Sloterdijks Denktagebuch gibt es eine Stelle, die es verdient, ihrer scharf akzentuierten Botschaft wegen zitiert zu werden:

> Kant meint, die menschenleeren Monstrositäten von Wüste, Meer und Himmel vermittelten uns Vorahnungen der Freiheit. In Wahrheit geben diese Zonen eine Nachricht davon, dass Leben, wie wir es verstehen, dort nicht überdauern könnte. Dann wäre Freiheit nur der Name für die Versuchung, ins Unmögliche zu desertieren. Was man früher das Ewige genannt hat, war die Zusammenfassung aller Wüsten, Meere, Himmel und Höllen in einer zentralen Lebensfeindlichkeit namens Gott. Der gaben wir in Furcht und Zittern den Namen „Leben des Lebens".[11]

Im Grunde ist das, was hier gesagt wird, Ausdruck einer Haltung, die alles als kindischen Irrtum hinstellt, was in der Vergangenheit, diesfalls der christlich-europäischen Vergangenheit unter dem Vorzeichen des *lumen naturale*, von ihren besten Geistern hervorgebracht wurde. „Was man früher das Ewige genannt hat": Heute würde wohl keiner, der bei Verstand ist, „es" so nennen – *es*, das ist die „Zusammenfassung aller Wüsten, Meere, Himmel und Höllen". Wie aber, so fragt der stutzig gewordene Leser, lässt sich solcherart überhaupt etwas zusammenfassen? Wüsten und Himmel, Meere und Höllen: Auf welchen gemeinsamen Nenner ließe sich das alles, diese Sammlung größtmöglicher Disparitäten, bringen?

Nun, die Rede ist, folgen wir der Wortwahl Sloterdijks, samt und sonders von „menschenleeren Monstrositäten". Aber es war eben kein Geringerer als Kant, der diese „Monstrositäten" für geeignet hielt, uns Vorahnungen der Freiheit zu vermitteln. Und Freiheit, das meinte wohl – und wohl auch für Kant, der gerade als Aufklärer ein Gespür für die Tiefe historisch gewachsener Symboliken hatte – Befreitsein von *aller* Bedingtheit des Menschlichen, *aber eben nicht nur des Menschlichen*. Wenn Wüsten und Meere und Himmel (und die Höllen sind ja ohnehin bloß rhetorischer Zusatz) für Eines stehen konnten, dann musste dieses Eine etwas sein, was alles Endliche umspannte, das ganze Weltgefängnis in Raum und Zeit. Wüsten und Meere und Himmel standen mithin für ein Unbegrenztes, Unendliches, welches dem Fluss der Zeit enthoben war – und daher ewig. Darauf zielten die „Vorahnungen der Freiheit".

Und so mochten die erhabenen Symbole zu dunklen Ahnungen dessen werden, was sich dem unsterblichen Auge der Seele, gefangen im Kerker des Leibes, als die Idee des Allerlebendigsten, als das *Leben Gottes*, einprägte. Hinter der Freiheitsahnung Kants wirkte die Tie-

fensymbolik eines heilsgeschichtlichen Denkens fort – eines Symbol-
denkens, aus dem eine der tiefsinnigsten, wahrheitsmächtigsten Kulturen der Weltgeschichte hervorgegangen war. Dagegen wirkt Sloterdijks Schlenker abwimmelnd: „eine zentrale Lebensfeindlichkeit namens Gott". Es bedarf keiner Kulturgeschichte des Himmels, um das
die Welt Überwölbende als einen mehrfach ausgezeichneten Symbol-
ort des Lebens zu begreifen. Im Himmel wohnen die Himmlischen;
aus dem Himmel regnet das Wasser, woraus das Leben entsteht und
sich erhält; und mehr noch: aus dem Himmel regnet es Lebendigkeit.
Und schließlich ist der Himmel jenes Element der Schwerelosig-
keit, worin das bunte Volk der Vögel im freien Flug sein Dasein vollendet. Bertolt Brechts Terzinen über die Liebe wussten darum Be-
scheid. *Die Liebenden*, aus dem Jahre 1928, stimmen am Beispiel
zweier Kraniche, die „im Fluge beieinander liegen", einen Hymnus an
die ihrer selbst vergessene Vergänglichkeit an – und sind gerade deshalb eine Beschwörung des Ewigen. Für den jungen Brecht gehört die
Ewigkeit des Lebens zu den großen Illusionen der Liebe; aber erst
durch sie finden die einander Liebenden wahrhaft zueinander; erst
durch sie wird ihre Liebe wahr:

> *So mag der Wind sie in das Nichts entführen:*
> *Wenn sie nur nicht vergehen und sich bleiben,*
> *So lange kann sie beide nichts berühren ...*
>
> *So unter Sonn und Monds wenig verschiedenen Scheiben*
> *Fliegen sie hin, einander ganz verfallen.*
> *Wohin, ihr?*
> *Nirgendhin.*
> *Von wem entfernt?*
> *Von allen.*

Mag sein, Freiheit ist für den Menschen „nur der Name für die Versuchung, ins Unmögliche zu desertieren". Gerade diese Bemerkung
jedoch bedürfte des entscheidenden Zusatzes: Ohne jene paradoxe
Versuchung, ohne die Paradieses-Sehnsucht in uns allen, wären wir
keine Menschen im authentischen Sinne des Wortes.

Und die Wüste? Sehen wir einmal davon ab, dass die Wüste lebt –
so der Titel des Populärklassikers aus den Walt-Disney-Studios (*The
Living Desert*, 1953) –; dann mag es, trotz allerlei Wüsten- und Be-
duinen- und Oasenromantik, gerade die brutale, gleißende Evidenz
absoluter „Lebensfeindlichkeit" gewesen sein, die den eigentümlichen
Eindruck des Erhabenen verstärkte. Denn gerade darin, im Erlebnis
des schier grenzenlos Menschabgewandten, geht es – ähnlich wie bei

der „Anschauung" des Kosmos, der altgriechischen *theoria* (θεωρία) –
um das allen Nutzenimperativen Enthobene. Es ist die vollständige
Enthebung aus dem Reich jener „Sorge", welche das menschliche Dasein ansonsten allgegenwärtig durchherrscht. Derart wird die unfassli-
che Weite der Wüste, aber auch die unauslotbare Tiefe des Kosmos,
auf je ihre Weise zu einem Symbol der Schöpfung und damit des Le-
bendigkeitsabsolutums, des Göttlichen.

Bei Sloterdijk treffen wir auf eine andere Sicht der Dinge. Ihr zufolge wurde die abendländische Gelehrsamkeit nicht müde, für Gott
– oder das Göttliche in der Welt – Metaphern zu ersinnen, die, tie-
fenhermeneutisch gelesen, eine zentrale Botschaft mit sich führten:
eben die Lebensfeindlichkeit des Schöpfers, worin sich die „zentrale
Lebensfeindlichkeit" des Christentums überhaupt spiegelte. Das ist
klarerweise Nietzsche, der hier traktiert und fortgeschrieben wird.
Der christliche Gott will – und muss! – hinauf aufs Kreuz, damit die
heilsgeschichtliche Dialektik und damit der schmutzige Skandal des
Lebens auf Erden ein Ende finden möge.[12]

Die Fortschreibung Nietzsches besteht hier allerdings in einer Aus-
lassung, und diese ist entscheidend. Ausgelassen wird, dass die Rede
von der Lebensfeindlichkeit dem judäochristlichen Gott, JHWH, ein
Attribut zumisst, das rechtens eigentlich dem Teufel gebührt. Er ist es
ja, der im Laufe der Zeiten zu einem wird, der die Schöpfung *hasst*
und *bekämpft*, und zwar deshalb, weil sie, wie es lapidar heißt, „gut"
ist. Dem Teufel steht der Sinn nach einer Zerstörung der Ordnung,
nach Chaos und Entropie (wozu die Berufung auf „Gerechtigkeit und
sonst nichts" gehören mag); vor allem aber will er, dass die Geschöpfe
begreifen, dass sie primär Opfer und Sklaven eines Demiurgen sind,
der das Ganze gründlich verpfuscht hat. Nichts als Ungenügen, Elend,
Tränen und Tod, so, als ob die Schöpfung darauf ausgelegt wäre, Geschöpfe bloß hervorzubringen, um ihnen zu demonstrieren, dass sie
ein innerlich toter Teil eines innerlich toten Universums sind, das vor
Hitze verdampft oder in einer Kälte erstarrt, worin nicht einmal die
Spur primitivsten Lebens möglich ist.

Die Unsicherheit hingegen, die mit einer solchen Interpretation
des radikalbösen Wollens einhergeht – eines Wollens, das zum Nichts
drängt –, besteht paradoxerweise in der *Hypervitalität* des Teufels.
Wenn Gott die unübersteigbare Lebensfeindlichkeit sein soll, dann
platzt die Gegenseite geradezu vor Lebensenergie. Die Hölle, das ist
nun der Ort, an dem *wirklich* gelebt wird, und zwar durch grenzenlo-
se Verausgabung bis zur Auflösung aller Identitäten. Der Rest ist Zivilisation, das heißt, Lebensabschnürung.

Es war immer schon das Wesen der literarischen, intellektuellen „Subversion", nicht nur den Umsturz der bisher gültigen Werte zu betreiben. Das hätte auch im Namen einer Moral geschehen können, die sich ihrerseits unter dem Prinzip der Universalität entfaltet: Nur das Gute ist demnach dasjenige Ethische, auf welches sich die Menschheit als Solidarsubjekt einigen könnte. Ja, damit die Menschheit – der Idee nach – als Solidarsubjekt, mithin als weltimmanenter Hoffnungslimes, überhaupt denkbar wird, bedarf es des Konzepts einer universalethischen Moral. Die Subversion hingegen versteht sich stets als Umsturz der Werte zugunsten der Etablierung einer Gegenwerte-Ordnung. Umwertung aller Werte, so nannte Nietzsche das Unternehmen. Und es war klar, dass ihm vorschwebte, die Jesus-Schwäche, die Christus-Blässe des Abendlandes, die der jüdische Gott über den Menschen gebracht hatte, abzulösen durch ein Evangelium der Lebensbejahung kraft Daseinsstärke, die sich ganz aus dem Hier und Jetzt nährte.

Aber die Umwertung aller Werte, diese Kardinaltugend der Subversion, führte geradewegs zur Heiligung des Radikalbösen. Mit einem apokalyptischen Donnerschlag galt fortan alle bisherige Moral als Moralismus, die nur für jene taugte, die sich nicht hinauswagten auf das offene Meer des Seins, weil sie den Schmerz und den Untergang fürchteten; ja, weil sie den Starken fürchteten, der ihnen einbläuen würde, was es heißt, dem Leben nicht dienen, sondern es schwächen zu wollen: Versklavung hieß die Losung für den Schwachen. Denn die einzige Moral, die nicht ein traniger Ausfluss des neurasthenischen Gottes war, der sich ans Kreuz schlagen ließ, war das Recht des Stärkeren. Der Stärkste war der Übermensch. Hitler bespiegelte sich in dessen radikaler Psychopathie. Der Übermensch ist die Verkörperung des Lebens in dessen Gestalt als Radikalböses.

Damit wurde im Reich der Archetypen ein neuer ontologischer Weg eingeschlagen, der geradewegs zur imaginierten Entseelung der Welt führen musste. Denn das Böse wurde in der Tradition stets als ein Mangel an Sein begriffen. Schöpfung als Ausdruck eines geistigen Lebendigseins galt seit jeher als Seinsfülle. Von der Schöpfung hieß es, sie sei gut. Dieser Bilderbogen, der das Sein, das Licht, den Geist und das Gute innerlich aufeinander bezog, wurde nun, im postnietzscheanischen Denken der Subversion, abgelöst von einem Komplementärbilderkomplex. Das Nichts begann zu funkeln, als sei es der Inbegriff des Göttlichen; aus ihm schossen die Geysire der Lust empor, die immer nur Ewigkeit wollte, „tiefe, tiefe Ewigkeit". Und mit der Lust kam die Seelenlosigkeit über die Welt.

Statt der Liebe, die aus dem Geist geboren wurde, sodass sich die einander Liebenden im Fleisch „erkennen" konnten, galt es fortan, die Lustchemie des Lebens zu steigern. Der Sinn des Lebens wurde zur seelenlosen Mechanik eines Befindlichkeitsbetriebs, der alle Skrupel und Hemmungen einer Zeit wegschmolz, die in der Lust stets auch das Moment der Schlange zu erkennen glaubte und es fürchtete. In diesem Szenario wurde die Ur-Seele, Gott, zum Ur-Dispositiv der Lebensfeindlichkeit. Von nun an musste es scheinen, als ob nur das Leben, das sich der Seelenfessel entledigt hatte, endlich zu sich selbst gekommen wäre.

Die subversive Moderne ist, so gesehen, der Sturz ins Nichts, die Heiligung des Radikalbösen, immerfort unter der Klammer des Lebendigkeitsarguments: Erst der Tod Gottes erweckt seine erniedrigten Geschöpfe zum Stolz einer vordem unbekannten Autonomie – der Lustautonomie von Überlebensmaschinen, die in ständiger Konkurrenz gegeneinander den vitalen Glut-Kern des Ganzen freilegen. Und sofern nun, wie einst Phönix aus der Asche, Gott aus der Glut wiederaufersteht, hat er sich ganz *verinnerweltlicht*. Der Gott der Immanenzverdichtung ist der Teufel, der seelenlose Demiurg. Auf die Frage, wohinein sich das immanenzverdichtete „Universum" ausdehne, lautet die Antwort: hinein ins Nichts, in den Abgrund und Ursprung des Radikalbösen ...

***

Weihnachten 2015, der Papst hat das Heilige Jahr ausgerufen, unter dem Generalmotto *Misericordia*. Es gibt moderne und postmoderne Geschichten über die Wieder-Ankunft Jesu. Sie werfen ein Licht darauf, was für die Menschen unserer Zeit jene Ankunft bedeutet, die Jahr für Jahr zu Weihnachten gefeiert wird. Dabei geht es immer auch um das Neuwerden der Welt – durch Barmherzigkeit.

Vom Dramatiker und Schriftsteller Botho Strauß stammt ein Gedicht, dessen Titel seltsam eindringlich klingt: *Diese Erinnerung an einen, der nur einen Tag zu Gast war.*[13] Aus einer Anmerkung erfährt der unkundige Leser, dass sich dieser Titel einer Stelle der *Weisheit Salomos* verdankt, dem biblischen Buch (5,15): „Denn die Hoffnung des Gottlosen ist wie Staub, vom Winde zerstreut, / und wie feiner Schnee, vom Sturm getrieben, / und wie Rauch, vom Winde verweht, / und wie man einen vergisst, / der nur einen Tag lang Gast gewesen ist."

In der Einheitsübersetzung der *Jerusalemer Bibel* ist der „Gottlose" durch den „Frevler" ersetzt. Das mag seine Berechtigung haben. Trotzdem geht dabei etwas verloren – für mich das Entscheidende. Sicher bin ich, wie die meisten, ein Frevler. Ob ich aber ein Gottloser bin, ist eine andere Frage. Stets hatte ich das Gefühl, dass die Antwort darauf gar nicht bei mir selbst liege. Sie hängt nämlich davon ab, ob Gott in der Welt angekommen ist: ob er – mythopoetisch gesprochen (und wie anders sollte man hier sprechen?) – *mit uns* und *bei uns* ist. Im Christentum steht dafür das Weihnachtsereignis. Seine Metaphysik, dargeboten als Bilderfabel, gibt Zuversicht: Unser Leben ist mehr als bloß „Staub, vom Winde zerstreut", mehr als „Rauch, vom Winde verweht".

Es wird wohl um die Zeit des Gedichts von Botho Strauß gewesen sein, Mitte der Achtzigerjahre, als die Postmoderne zum Gemeinplatz wurde. Nach der Moderne zu leben, hieß fortan, jenseits der großen religiösen und quasireligiösen Erzählungen zu existieren. Die Heilsgeschichten, ob christlich, kommunistisch oder faschistisch, waren tot. Die postmoderne Botschaft lautete: Die Geschichte brütet nichts aus, beherbergt nichts, was den Menschen in ein übergreifendes Schicksal, ein Leben des Geistes jenseits der Wechselfälle des Lebens einbettet und mit objektivem Sinn begabt.

Solche Rede, die sich als endgültige Befreiung aus dem Mythos verstand, war zugleich Ausdruck einer Hoffnungslosigkeit, die im aufgeklärten Westen seit Langem schwelte. Bestand der Sinn des Lebens darin, vor einer Leere zu fliehen, der man doch nicht entkam? Es blieb die Sehnsucht: Nach dem Ende der Heilsgeschichte wollte niemand sein „wie einer, der nur einen Tag lang Gast gewesen ist". Das menschliche Eintagsfliegen-Dasein war zu wenig, um am Ende daseinsgesättigt und daher, mit den Worten aus Bachs Kantate, ohne Groll sagen zu dürfen: *Ich habe genug*. Das Glück, das sich nicht haschen lässt, solange man nach ihm jagt, war nie genug; und der Kampf gegen den Tod blieb bisher vergeblich.

Typisch modern ist die Geschichte von der Ankunft Jesu, seiner Wiederkunft, wie sie Dostojewskij erzählt. Alle, die den Menschensohn sehen, der fast beiläufig ein Wunder wirkt, beginnen in Liebe zu erglühen. Sie spüren, dass ihre Sehnsucht nicht ins Leere zielt. Deshalb will der Großinquisitor Jesus auf den Scheiterhaufen schicken. Denn dessen Botschaft bedroht die Existenz der jahrtausendealten Kirche des Zwangs. Dostojewskijs Geschichte ist modern, weil der Ankommende dafür steht, dass sich das Heil nicht in der äußeren Ordnung, in Pomp und Dogma, sondern im Herzen erfüllt. Jeder Einzelne ist die Kirche, alles andere ist – um es mit Kant zu sagen – „Afterglaube und Götzendienst".

Typisch postmodern klingt jene weitaus weniger bekannte Geschichte, worin dem unglücklich wiedergekehrten Menschensohn – irgendwie landete er im Luxusabteil eines Sonderzugs nach Paris – von den Autoritäten ein Staatsempfang bereitet wird. Die Kirche hofiert ihn, er versteht nicht; man bewirtet ihn fürstlich, er versteht nicht. Er stiehlt sich davon, geht zu den Armen. Gerade sie jedoch fühlen sich vom Armutsevangelium provoziert. Jesus versteht nicht. Am Ende sitzt er einsam auf einem Hügel vor der Stadt und weint. Seine Zeit ist abgelaufen, seine Liebesbotschaft war der Fiebertraum eines Wahnsinnigen.[14]

Derlei Geschichten der Wiederkunft kommentieren, aus dem Gegenlicht, das zentrale Ereignis: die Geburt zu Bethlehem, wodurch Gott sich als hilfloses Kind der Welt übereignet. Der Stern über dem Stall kündet nicht nur von der Ankunft, *adventus*, er kündet auch davon, dass mit ihr die Erde neu wird. Galt vorher, in der Epoche der Gerechtigkeit, dass die Welt eines Tages vom Bösen erlöst und jedes Opfer entschädigt sein wird, so gilt nun das Gesetz der unbedingten Liebe: Noch das Böse wird vom Bösen – es wird von sich selbst – erlöst werden. Dafür ist das menschliche Herz allein zu schwach oder doch nur stark genug im Moment der Barmherzigkeit.

Weihnachten ist das Fest der Ankunft und der durch die Ankunft bewirkten Wandlung. Georg Trakl hat das Ereignis in einem mystischen, dennoch schlichten Bild am Schluss seines Gedichtes *Ein Winterabend* zum Ausdruck gebracht: „Wanderer tritt still herein; / Schmerz versteinerte die Schwelle. / Da erglänzt in reiner Helle / Auf dem Tische Brot und Wein."[15] Niemand muss den Glanz anbeten; er gilt dem Hungrigen an der Schwelle, ob gottlos oder nicht.

Für Trakls Wanderer reicht die Wandlungsmagie der Schwelle tiefer als alle titanischen Weltveränderungsprojekte des grausamen letzten und von neuen Schrecken heimgesuchten neuen Jahrhunderts. Die Wandlung wirkt hinein in die profanen Verkörperungen der Ankunft. Sie strahlt aus jedem Neuankömmling auf Erden, „in reiner Helle". Und wo der Schmerz die Schwelle versteinerte – im Anblick jener „Geringsten", die über unsere Grenzen drängen (es ist das Jahr der Massenflucht aus den kriegsgepeinigten Ländern) –, dort sollte kein Stacheldraht auf unserem wohlgedeckten Tisch erglänzen.

Das Leben, gedacht als Triumph der Immanenz, ist die Hölle. Die „Lebensfeindlichkeit namens Gott", gedacht als Gnadenquell der Barmherzigkeit, die noch das Böse vom Bösen erlöst, ist das Radikalgute.

4.

DER TEUFLISCHE ERNSTFALL

„Die Hölle steht leer." Das ist mittlerweile ein theologisches Axiom, dem jeder gebildete Mensch unserer westlichen Kultur zustimmen wird – auch jeder einigermaßen aufgeklärte Christenmensch, sogar in seinem Herzen. Nichts berührt uns unangenehmer als die Vorstellung, an der sich unsere Vorfahren zu delektieren schienen. Die Kanzelrede handelte, über viele Jahrhunderte hinweg, vom Glanz des Himmels mit seinen pyramidal aufsteigenden Chören, die ununterbrochen das Lob Gottes sangen, während tief unter ihnen die schwefelige Lava brodelte, worin die sündige Menschheit nicht nur in alle Ewigkeit lichterloh brannte, sondern darüber hinaus von Legionen von Teufeln pausenlos gequält wurde. Und der Kanzelredner wurde nicht müde, seiner Gemeinde vorzuschwärmen, wie diejenigen, die im göttlichen Glanz ewiges Glück und immerwährenden Frieden gefunden hatten, in die Tiefe blickten, um sich an den Schmerzen, den Schreien der Verdammten zu laben. Schließlich waltete dort oben wie dort unten eine umfassende Gerechtigkeit, die zugleich Ausdruck der unbedingten Liebe Gottes zu seinen Geschöpfen war ...

Nun aber steht die Hölle leer.

Das macht den Himmel nicht lebendiger, im Gegenteil. Und so gehen die Zeitgenossen, gehen wir alle durch eine Welt, die – wie ich sagen möchte – *ontologisch fahl* geworden ist. Allem fehlt eine gewisse Art von Lebendigkeit, welche, so scheint es, ohne vitale Himmelsmetaphysik, ohne Herrlichkeit, die auch noch auf die geringsten Dinge des Alltags abstrahlt, nicht zu haben ist.

Vielleicht – so hören wir den Fundamentalisten räsonieren – gründet darin ja der größte Triumph der Teufels. Indem der Glanz des Himmels aus den Dingen weicht, scheint das Satanische schließlich die einzige Quelle zu sein, welche die Welt davor bewahrt, sich jenem Nichtsein anzunähern, das dem „toten" Stoff der reinen Immanenz eignet. Der tote Stoff der Welt hat demnach nicht an jenem Geist teil, der die erste und letzte Quelle des Lebens ist.

Es wäre also keineswegs die größte Niederlage des Teufels, sondern im Gegenteil sein größter Triumph, dass die Hölle leer steht? Gehört der Teufel womöglich, so wie das Amen zum Gebet, zu einem lebendigen Leben – einem Leben, das mehr wäre als der Ausfluss einer bioorganismischen Gesetzmäßigkeit? Eine derartige Spekulation scheint allerdings zwingend vorauszusetzen, dass die Behauptung, wonach der Teufel existiere, in irgendeinem nicht bloß metaphorisch gemeinten Sinne zutreffen müsste. Im Übrigen handelt es sich hier, beim Topos der leeren Hölle, unübersehbar um eine Variante jener anderen – erzmetaphysischen – Vermutung, wonach die größte List des Teufels darin bestünde, die Menschen an seine Nichtexistenz glauben zu machen. Die Stoßrichtung beider Argumente – des Arguments von der leerstehenden Hölle und jenes von der Nichtexistenz des Teufels – verdient gesonderte Beachtung. Sie ist nämlich durchaus eine jeweils andere.

Im einen Fall geht es darum, die Menschen in die Hände des Teufels zu treiben, indem man sie glauben macht, es gäbe den Höllenfürsten gar nicht. Gibt es ihn nicht, gibt es auch die Hölle nicht; und gibt es die Hölle nicht, dann braucht man keine Angst zu haben, was mit der unsterblichen Seele passiert, sobald man sein eigenes sündhaftes Leben beenden wird und in ein Leichenhemd schlüpfen muss.

Im anderen Fall – dem Fall der leeren Hölle – liegen die Dinge, ontologisch gesehen, wesentlich radikaler. Durch die Hölle, die leer steht, wird die Ontologie des Radikalbösen gleichsam von unten her aufgelöst; sie wird zu einem *flatus vocis* verdünnt. Und von da an, sozusagen *bottom up*, setzt auch eine Schwächung des Seins ein. Es kommt, so da Argument, zu einer Seinsverringerung. Was mit der Nichtexistenz der Hölle beginnt, endet bei jener Leblosigkeit des Ganzen, die ich, mangels eines besseren Ausdrucks, als „ontologische Fahlheit" charakterisiere.

Was fehlt unter dem Vorbehalt der leer stehenden Hölle? Die Antwort scheint, akzeptiert man die Prämisse, einigermaßen zwingend: Mit dem Ende der Hölle ist auch der Teufel zu einem Schatten geworden, der im Weltgetriebe nichts mehr auszurichten vermag. Er bleibt albtraumhafte Erinnerung und wird angesichts der Leblosigkeit des Ganzen, in einer Art diabolischen Dialektik, schließlich zu einem paradoxen *Sehnsuchtsort*.

Wie höllisch sich das Ganze im Einzelnen auch gebärden und wie hoch die Flut der grässlichsten Übeltaten ansteigen mag: Elend und Schmerz sind, der Not ihres Erleidens zum Hohn, durch das Trostlose ihres Irrealseins beschwert. Denn nichts in der Welt existiert mehr, was sicherstellen könnte, dass Elend und Schmerz durch ein Sein selbst ontologisch „gerechtfertigt" wären. Daraus scheint sich ein bedenkenswertes, jedenfalls bedenkliches Fazit zu ergeben: Besser eine radikalböse Schöpfung als eine in ihrem Innersten tote, entleert vom Geist und seinen lebendigen Emanationen, handle es sich nun um Götter, Engel oder Dämonen!

EIN TEUFELSERLEBNIS

Eine meiner Tanten – ich nenne sie hier Ruth – lebte seit vielen Jahren allein in einem alten Zinshaus. Sie war Witwe. Ruths Wohnung bestand aus zwei Räumen. Der eine, den ich als düster in Erinnerung habe, war der große Raum. Meine Tante wollte sich dort nicht aufhalten, obwohl das darin befindliche Mobiliar zum besseren Teil der Ausstattung gehörte: altdeutsche Möbel, gehäkelte Überdeckchen, Nippes aus Porzellan, ein Biedermeierstrauß aus Seidenblumen auf einem Rosenholztischchen mit bunten Intarsien; auch ein tiefhängender Kristallluster war zu bewundern. Dennoch betrat Ruth den Raum nur, um das „schöne Geschirr" für den Besuch (mich) aus der Kredenz zu holen.

Meine Tante selbst bewohnte den kleinen zweiten Raum, in dem neben einem Kohleofen, auf dem ein Elektrokocher stand, kaum ein Tisch mit zwei Sesseln Platz hatte. An der dem Ofen gegenüberliegenden Seite des Raumes, in dem meine Tante und ihr Besucher (ich) bei Milchkaffee und trockenen Keksen zusammensaßen, breitete sich nämlich, an die Wand gedrückt, ein Diwan, den Ruth als Schlafgelegenheit hergerichtet hatte.

In den letzten Jahren meiner allzu seltenen Besuche fiel mir auf, dass die Türe zum großen Raum stets einen Spalt breit geöffnet war. Musste ich auf die Toilette, die sich gleich neben der Eingangstüre in einem Vorraum befand, so hörte ich meine Tante mit jemandem flüstern. Zuerst dachte ich, ihre Worte gälten mir. Als ich sie daraufhin ansprach, sah sie mich an, als ob sie nichts gehört hätte. Schon damals irritierte mich die eigenartige Veränderung in ihren Augen. Ein Grauschleier schien sich über ihre Pupillen gelegt zu haben. Ich ließ nicht locker, fragte nach, fragte lauter und dringlicher. Auf diese Weise erfuhr ich schließlich, dass – gemäß der Erzählung meiner Tante – jemand in der Wohnung sein Unwesen trieb. Zeitungen, meist alte, waren auf rätselhafte Weise verschwunden; Dinge des täglichen Bedarfs fehlten plötzlich und ließen sich nicht mehr finden; und einmal waren von der gut gehüteten Nerzstola aus besseren Tagen sogar die Haare abgeschnitten worden.

Ruth erkannte in diesen Vorfällen Bosheitsakte, die sie um den Verstand bringen sollten. Jemand – ein Wesen, ich nenne es X – verbarg sich in dem großen Raum. Das war die einzig denkbare Möglichkeit. Denn die Wohnung hielt meine Tante versperrt; außerdem hatte sie eine Sicherheitskette vor das Schloss gelegt. Wenn Ruth ausgehen musste, um Lebensmittel und andere Dinge zu besorgen, brachte sie kleine geheime Zeichen an, damit sie bei ihrer Rückkehr gleich erkennen konnte, ob sich jemand Zutritt verschafft hatte. Nein, niemand war jemals durch die Türe hereingekommen, also musste X bereits in der Wohnung sein. X hatte sich „eingenistet".

Natürlich versuchte ich, meiner Tante die Sache auszureden. Ich bat sie, mir ihre Nerzstola zu zeigen, und war dann erschrocken über deren jämmerlichen Zustand. Ich brachte Ruth dazu, mit mir einen Erkundungsrundgang durch den Raum zu machen, in dem X angeblich „nistete". Von dem alten Mobiliar gingen Geräusche aus, für die ich eine Reihe von Gründen vorschlug: Holzwürmer, Verspannungen im Holz. Aber noch während ich sprach, bemerkte ich, wie sich die Lippen meiner Tante bewegten. Sie sprach mit X.

Die Gespräche mit X wurden im Laufe der Zeit eindringlicher. Ruth verlor zeitweilig das Gefühl für meine Gegenwart, es war, als ob sich über ihr Dasein eine Kuppel herabgesenkt hätte. Trotzdem kam mir vor, dass das Leben unter der Präsenz von X einen Wandel in Ruths Einsamkeit herbeiführte. Ihre Einsamkeit war *lebendiger* geworden. Das mag seltsam klingen, doch wer von der Einsamkeit eine Ahnung hatte, worin Ruth vom Aufwachen bis zum Schlafengehen viele Jahre lang existierte, dem konnte nicht entgehen, dass sie tagaus, tagein in einer Welt der Schatten ausharrte. Alle Dinge, an denen sie vorbeistrich und mit denen sie hantierte, waren für sie – so kam dem Betrachter (mir) vor – nicht mehr *wirklich* wirklich gewesen. Es waren nur noch Abbreviaturen eines Lebens, das einst gelebt worden war.

Meine Tante glaubte an Gott. Das galt allgemein für meine älteren Verwandten: Sie waren gläubig mit einer Selbstverständlichkeit, die nichts mit Glaubensinnigkeit zu tun hatte. Man ging kaum in die Kirche. Die gelegentlichen Gebete kamen von den Lippen, so wie man eine Unterhaltung führt, deren Bedeutung darin liegt, geführt zu werden. Gewiss, man wollte gesund bleiben, und wenn man schon irgendwann sterben musste (und man musste), dann sollte es schnell und schmerzlos gehen. Auch die Angst, nicht in den Himmel zu kommen, war bloß ein ferner Nachhall der Katechismusstunden, die man als Kind, vor kaum erinnerbarer Zeit, besucht hatte, ungeduldig und meist auch ein wenig trübselig.

Gott half nicht gegen die Langeweile, das stumme Tageselend, die innere Einsamkeit, zu der später das äußere Alleinsein hinzukam. Gottes Schweigen durchbrach nicht die Stille. Ruths Glaube an Gott war begleitet von dem Gefühl, an etwas Lebloses zu glauben. Und eigentlich glaubte sie schon längst nicht mehr, sofern unter einem lebendigen Glauben zu verstehen war, dass der Glaube belebte. War es deshalb, dass es zu wispern begonnen hatte durch den Spalt der Türe, die in den großen Raum führte, der seinerseits bereits ein Mausoleum war: eine Erinnerungsgruft? Dort drinnen wurden die Reliquien des Vorlebens meiner Tante, ihres einstigen *richtigen* Lebens, blasser und blasser. Schwer zu sagen, wer oder was X anfänglich gewesen war. Vermutlich war X nur ein flüchtiger Schattenwurf, ein Luftzug, eine kleine Unordnung da und dort gewesen, nicht mehr, ein wenig unheimlich und daher in jenem Heim, das keine Heimlichkeiten mehr barg, ein Flämmchen Lust entzündend. Die Angstlust tat wohl; sie breitete sich aus. Aus X wurden im Laufe der Zeit schillernde Dunkelheiten, im Dunkel hinter dem Türspalt mäanderten Gestalten, Wechselbälge, Fluiden, die immerfort ihre Identität wechselten – und auch den Ort.

Im Stockwerk unter meiner Tante wohnte niemand; und doch sah sie dort, auf der Treppe, Schatten hin und her huschen. Außerdem kamen ihr auf offener Straße immer wieder Leute entgegen, die ihr seitwärts Blicke zuwarfen: lauernde Blicke. Diese Leute – das glaubte Ruth ab einem bestimmten Moment unerschütterlich (ich hatte mehrfach versucht, es ihr auszureden) – waren samt und sonders mit X im Bunde. Ja, es waren „Abgesandte" des X, dazu auserkoren, sich zusammen mit X bei ihr zuhause „einzunisten".

Dieses Wort fiel immer öfter. Es hatte einen bedrohlichen Klang. Meine Tante sprach das Wort aus, als ob in ihm ein großes, bedrohliches Geheimnis schlummerte. Wo sich etwas erst einmal eingenistet hatte, dort würde es eines Tages auch auskriechen, herausplatzen, nach einem fassen. Das war Ruths feste Überzeugung. Etwas in ihrem einsamen, fahlen Leben war lebendig geworden – oder doch andauernd dabei, es zu werden. Es wisperte, einmal drinnen im Kopf, dann wieder draußen, durch den offenen Türspalt zum großen Raum, im Stiegenhaus und rundherum auf der Straße.

War X drinnen? War X draußen?

Hinterher, als alles vorbei war, wurde mir berichtet, man habe meine Tante aufgegriffen, wie sie schreiend von ihrem Wohnhaus weglief, die Straße entlang, ziellos, sichtlich in Panik. Bereits in der Obhut eines Krankenwagens befindlich, habe sie behauptet, dass, immer wenn sie einen Schritt mache, sich der Boden unter ihren Füßen öffne und der Teufel nach ihr fasse; dass sie die Höllenhitze unter ihren Sohlen spüren könne und auch die glühenden Teufelskrallen an ihren Fußgelenken.

Der psychiatrische Befund gab an, bei Ruth sei eine latente Alterspsychose akut geworden, deren Hauptsymptom in dem quälenden Gefühl einer lauernden, diffus bedrohlichen und endlich omnipräsenten, überall anwesenden, allesdurchdringenden, erlebnis- und gedankenkontrollierenden „Fremdpräsenz" zu sehen sei. Die „Ankündigungsqualität" der Ereignisse habe schließlich in einer Teufelsvision halluzinierte Realität angenommen. Meiner vollkommen erschöpften, im Übrigen bereits unterernährten Tante wurde ein Krankenbett zugewiesen, sie wurde einer medikamentösen Intensivtherapie unterzogen, um die paranoischen „Episoden" abklingen zu lassen.

Als ich mich, bei meinem ersten und letzten Besuch in der psychiatrischen Anstalt, neben Ruth ans Bett gesetzt hatte, lächelte sie mich mit herunterhängenden Lippen (eine Folge ihrer starken Sedierung) zögerlich an. Sie wusste wohl nicht mehr, ob wir einander kannten. Das Reden fiel ihr schwer, es war kaum noch artikuliert. Der Grauschleier in ihren Augen hatte sich verdichtet. X – dachte ich bitter gegen das Urteil meines Verstandes – hatte ganze Arbeit geleistet. Und die Ärzte hatten, unter dem ethischen Prinzip des Wohlwollens, das ihre getan. Mir kam ein Wort in den Sinn, das keinesfalls passend zu sein schien, weder für den Ort noch für den Anlass; dennoch traf es für mich, der ich meine Tante seit vielen Jahren kannte und ihre Veränderung erlebt hatte, den Kern der Sache: *seelenlos*. Ich konnte mich des Gedankens, trotz seiner Irrationalität, nicht erwehren: Ja, mir war, als ob es dem Teufel gelungen wäre, dem freundlichen, harmlosen Menschen, den ich kannte, die Seele zu rauben.

Ruth bedachte mich noch immer mit ihrem ungewissen Lächeln, und da – ich weiß nicht, wieso mir akkurat in jenem Moment diese Frage herausrutschte – erkundigte ich mich nach dem Verbleib von X. Ihre Worte werde ich nie vergessen, in ihnen spiegelte sich für mich weniger ein psychologisches Krankheitsbild als vielmehr ein metaphysisches Drama, mochte jenes auch bloß einem kranken Gehirn, einem zerstörten Gemüt entsprungen sein. Meine Tante teilte mir halbwegs verständlich Folgendes mit: „Er ist noch hier, dort hinten beim Abfalleimer, aber er verhält sich ruhig; er will mir nichts mehr tun." Ich wusste nicht recht, was ich sagen sollte. Ich spürte, wie sich mir die Nackenhaare aufstellten. Warum verhielt sich der Teufel ruhig? Warum wollte er ihr nichts mehr tun? Hatte er sein Ziel erreicht und beobachtete nun sein Opfer wie die Spinne das ihre, sobald sie es ins Netz gelockt und dort eingesponnen hatte, um es schließlich auszusaugen? War aus meiner Tante, die ich liebte, eine lebende Tote geworden, ein Zombie?

Noch während ich meine morbiden Gedanken abzuschütteln versuchte, war es mir unmöglich, in Ruths Drama nichts weiter zu sehen als die demenzbedingte Fehlfunktion eines Altersgehirns. Die ärztliche Diagnose war vermutlich vollkommen korrekt; die Medikation *state of the art*, und doch entging der psychiatrischen Wissenschaft etwas Wesentliches. Ihr entging die *metaphysische Katastrophe*, welche sich unter ihren kundigen Augen und Händen abgespielt hatte. Ich verabschiedete mich von dem Wesen, das einst meine Tante gewesen war, nicht ohne die Wand hinter dem Abfalleimer zu fixieren. Dort war ein Schatten. Es war der Schatten des Abfalleimers. Ruth habe ich lebend nicht wiedergesehen.

***

Kein Zweifel, es handelte sich um einen Krankheitsfall. Nicht nur war Ruths Teufel nach allen Regeln der psychiatrischen Diagnostik als „halluzinatorischer Komplex" im Rahmen einer altersbedingten Psychose einzustufen. Dazu gehörte die krankheitstypische Vorgeschichte: das Wispern, die unerklärlichen Geräusche, die Bosheitsakte, die unheimlichen Zufallsbegegnungen auf offener Straße. Außerdem taten die von den Ärzten verschriebenen Medikamente ihre Wirkung. Kein Fall also für den Priester, den Exorzisten; kein diskutabler Fall einer übernatürlichen Inbesitznahme, auch nicht für Phantasten, die an die Existenz von Dämonen glauben.

Und jedenfalls, so möchte ich vorsichtshalber hinzufügen, handelte es sich um keine spekulative Angelegenheit für Philosophen, außer naturgemäß für jene Obskurantisten, die, aus welchen Gründen auch immer, gerne vom Teufel als einer *Realität des Leibhaftigseins* reden. Als eine solche Realität, wie sie die Köpfe und Herzen im Laufe der Zeiten verwirrte und darüber hinaus die Kunst des Abendlandes tausendfach inspirierte – als eine solche satanische Realität ist, vom Standpunkt einer jeden aufgeklärten Philosophie aus, das Böse inexistent. Der Teufel als „Leibhaftiger" existiert nicht. Folglich existiert auch nicht das Reich, das ihm von den Apokalyptikern und Kirchenvätern zugewiesen wurde, nämlich die Hölle als Ort ewiger seelischer und körperlicher Qual. Doch vermutlich besteht die Attraktivität derartiger Orte – der Hölle wie auch des Himmels – darin, dass man an sie keine Fragen stellt, sondern ihren bildmächtigen Darstellungen *vertraut*.

Das Schicksal meiner Tante konfrontierte mich nicht mit dem Leibhaftigsein des sprichwörtlich Leibhaftigen; doch es ließ mich mit der bedrängenden Frage zurück, ob es nicht eine Realität des Radikalbösen gebe, welche die *existenzielle* – und nicht bloß psychotische – Grundlage für den uralten Glauben bildete, wonach der Teufel und seine Rotte von menschlichen Wesen Besitz ergreifen könnten. Ruth war körperlich nichts zugestoßen, sie starb an den Folgen einer Entkräftung, deren Fortschreiten kein Spitalsbett mehr aufzuhalten vermochte. Was mich über den Verlust hinaus bedrängte, war die Frage, ob da, in jenem Bett vor mir, noch meine Tante, *jene mir wohlvertraut liebenswerte Person,* gelegen hatte. Der graue Schleier in ihren Augen schien am Schluss das ganze Wesen Ruths zu überdecken und, mehr noch, zu durchdringen. Ich konnte den ungesunden Gedanken nicht abwehren, dass der Angriff des Radikalbösen erfolgreich gewesen war.

X hatte sich meiner Tante als Quälgeist in verschiedenartigen Formen und unterschiedlicher Weise zu erkennen gegeben. X war ihr als etwas Lebendiges begegnet. Deshalb war Ruth in ihrer Einsamkeit, die eine Art zunehmender Leblosigkeit war – im Buch über seine Mutter hatte Peter Handke vom „wunschlosen Unglück" gesprochen –, scheinbar dem Leben zurückgegeben worden, durch die Gehirnmaschinerie der Angst und der Verdächtigung hindurch. Aber der große Angriff stand noch aus. Er richtete sich, so kam mir vor (und so kommt mir vor), nicht gegen den Körper, der freilich auch irreparabel zu Schaden kam. Es handelte sich um einen Angriff, der, über alle psychischen Modalitäten hinaus, auf das Innerste meiner Tante abzielte: darauf, dass sie in ihrer Wunschlosen-Unglücks-Existenz stets mehr gewesen war als die Summe ihrer körperlichen und psychischen Merkmale. Das klingt weniger banal, wenn man es so versteht, dass ihr das Eigentliche ihres Wesens entrissen werden sollte. Es ging um Ruths Seele.

Ich sage mit Bedacht „Seele". Denn ich verwende hier einen kulturell hochbelasteten Begriff, von dem viele rational Denkende – das heißt solche, die beanspruchen, rational zu denken – gedankenlos behaupten, es handle sich um ein obsolet gewordenes Konzept. Doch damit wird bloß einem Vorurteil der Zeit Ausdruck verliehen, einer auf Immanenz fokussierten Zeit, die das Seelische, als religiöses „Konstrukt", ins Psychologische hinein aufgelöst und derart „dekonstruiert" hat. Demgegenüber ist festzuhalten: Indem wir das Gefühl haben, wir würden uns nicht in unseren psychophysischen Eigenschaften erschöpfen, sind wir weit davon entfernt, uns einer religiösen

Doktrin oder einem abstrakt-philosophischen Standpunkt zu verpflichten, beispielsweise der Ego-Lehre des Descartes oder Kants Subjekt-Transzendentalismus. Das verwundert schon deshalb nicht, weil für den Alltagsverstand weder das eine noch das andere einen Rückhalt in irgendwelchen Alltagserfahrungen hat. Und letzten Endes sind es doch *diese* Erfahrungen – und die ihnen inhärenten Gehalte –, die darüber entscheiden, was wirklich real und was eine bloß herbeigeschriebene Realität ist.

Der Begriff „Seele" deutete in unserer Kultur über die Jahrtausende hinweg auf das „Unsterbliche". Dabei begriffen wir uns, gemäß dem Bericht der biblischen Genesis, als Geschöpfe eines Vatergottes, von dessen Lebensodem unsere Unsterblichkeit zehrte. Mir scheint diese Idee kein bloßes Wunschbild der frommen Denkungsart zu sein. Denn aus ihr spricht – wie bereits erwähnt – eine Art Kreatürlichkeitsapriori, das uns alle bindet. Dieses „Apriori" ist Ausdruck unserer Primärerfahrung, die wir an und mit den Dingen machen, nämlich, dass wir teilhaben an einer Ordnung, die nicht Ausfluss geistloser Gesetze einer toten Natur, sondern Ausdruck eines lebendigen Geistes ist. Wir begreifen intuitiv, dass alles andere bedeuten würde, unser eigener Geist sei bloß ein zombiehafter Nebel, der aus dem ziellosen, seiner selbst unbewussten Naturmechanismus aufsteigt.

Obwohl ich also denke, dass sich das „Unsterbliche im Sterblichen" der philosophischen Explikation entzieht, möchte ich dessen unverzichtbare Position doch mittels des Seelenbegriffs erhalten: Leben und Lebendigkeit verweisen aufeinander, meinen jedoch nicht dasselbe. Leben ist ein Begriff der Biologie, einschließlich der daraus abgeleiteten psychischen Funktionen; Lebendigkeit hingegen repräsentiert eine Kategorie, die im Raum des Seelischen, „Begeisteten", anzusiedeln ist. Das Seelische bringt die personale Seite des Umstandes zum Ausdruck, dass es *entweder* keine Welt gibt, in der wir als geistige Wesen existieren könnten, *oder* die Welt als Ganzes sich einem „Primat des Geistes" verdankt. Nichts kann aus toter Materie, Energie oder Strahlung entstanden sein. In allem muss ein großes Mysterium, das Geheimnis der Schöpfung, mit einbeschlossen sein, für das wir freilich keinen besseren Begriff kennen als den des Geistes. Einen Körper, eine Psyche *haben* wir, aber am Geist haben wir *teil* – als Menschen auf eine alltäglich selbstbewusste Weise. Das ist ein wesentlicher Unterschied.

Was wir in unserer winzigen endlichen Lage vom Geist wissen, mag uns großartig anmuten, wenn wir an die Fortschritte der Wis

senschaft und Technik denken. Dennoch sollten wir uns dessen bewusst bleiben – und es uns immer wieder bewusst machen –, dass unser menschlicher Geist, also all das, was wir unter dieses Wort locker
zusammenfassen, eine Verkörperung jener begriffslosen Urquelle unseres Seins und Daseins ist, die wir, in einer religiösen Perspektive,
Gott nennen oder Weltseele oder – mit pessimistischer Phrasierung –
Schicksal. Es ist der Geist, objektiv verstanden, der uns situiert: durch den
Geist sind wir beseelt. Und nur derart, als Seelenwesen, sind wir von
vornherein, *a priori*, in den Zwiespalt, den Kampf zwischen Gut und
Böse hineinverwickelt. Was ich, am Sterbebett meiner Tante sitzend
– mit dem mir unsichtbaren Teufel im Eck neben dem Abfalleimer –,
zu erkennen glaubte, war eine *tragische* Konstellation: Um aus ihrer
Leblosigkeit wieder aufzutauchen, musste Ruth in ein Leben zurück-
kehren, das sie – paradox genug – nur um den Preis ihrer Seele errin-
gen konnte. Der „Geist" war in sie zurückgesickert, wispernd. Das
Böse, das sie fortan umgab und immer mehr von ihr Besitz ergriff,
hatte sich die Maske jener erregenden Lebendigkeit zugelegt, wie sie
durch eine Psychose temporär vermittelt wird: überall Augen, die
nach Angriffspunkten Ausschau halten.

Wollte ich mich mythologischer Begrifflichkeit überlassen, namentlich dem Denkmuster der christlichen Dämonologie, so würde
ich sagen: *Ubique daemon* – alles ist voll des Teufels, auch auf dem
beschwerlichen Weg heraus aus dem Tod im Leben und zurück in
die Lebendigkeit.

In mythologischer Sichtweise geht es dem Teufel darum, die Seele
in Besitz zu nehmen, um sie zu verderben und sie, *in extremis*, gott-
gleich zu zerstören. Denn die Seele des Menschen ist eine endliche
Widerspiegelung des unendlichen Geistes. Was von meiner Tante
übrig blieb, war der Krankheitsfall. Dieser „Fall" bedeutete – wie mir
damals schien, ohne dass ich es mir offen eingestanden hätte –: Jenes
menschliche Wesen, das ich geliebt hatte, war auf seine organischen
Funktionen, worin die psychischen einbeschlossen sind, reduziert
worden. Vor mir lag ein Zombie, der nicht mehr meine Tante, nicht
mehr Ruth war. Die Arbeit des Teufels war getan. Fortan verhielt er
sich still, verschmolz mit der Wand, sank in die träge, geistlose Materie zurück, welche vor dem absolut Bösen stillhielt.

***

Unterdessen sind viele Jahre vergangen. Die Jahre meiner Jugend sind lange vorbei. Das muss der Leser – muss ich selbst – bedenken, um den obenstehenden Bericht meiner Begegnung mit dem Teufel richtig zu taxieren. Denn zu jener Zeit, als ich am Krankenbett meiner Tante gesessen bin, wären mir gewiss nicht jene Worte zugeflossen, die ich soeben wählte, um mein Erlebnis zu schildern.

Damals war mir jedes Vokabular verdächtig, welches seine Bedeutung einem metaphysischen oder gar religiösen Unterstrom verdankte. Was ich damals zu erkennen vermeinte, war nichts weiter als der Abklang einer akutparanoischen Episode infolge eines „altersverkalkten" Gehirns. Selbstverständlich glaubte ich nicht an übernatürliche Wesenheiten wie den Teufel. Und würde man mich heute geradeheraus fragen, ob ich an den Teufel glaube, so würde ich nach wie vor zurückschrecken: Natürlich nicht!

Doch zwischen Denken und Erleben bestand schon damals, als mir Ruth vom Teufel erzählte, der im Schatten der Wand neben dem Abfalleimer ausharrte, ein Unterschied, den einzugestehen mir erst heute leichtfällt. Die grauverschleierten Augen meiner Tante, die bewirkten, dass mir ein anderes Wesen *entgegenzublicken schien, worin ich Ruth nicht mehr wiederfinden konnte – sie waren* physiognomisch dichte Bestandteile eines Erlebnisganzen*, das sich zwar begrifflich manipulieren ließ, aber meine Eindrücke über das Feld des rein Medizinischen und Psychologischen hinausdrängte.*

Mir graute. Und dieses Grauen wurde, so würde ich es heute ausdrücken, durch eine Erlebnistiefe verursacht, die angemessen nicht ohne Bezug auf „Übernatürliches" darstellbar ist. Ich war auf die metaphysische Dimension gestoßen, die zu einem Drama führen konnte, für welches mir heute eine Ontologie des Bösen erforderlich scheint. Wenn ich in diesem Zusammenhang mythologisierend-bildhaft von der „Ontologie des Teufels" rede, so ist dies ein Zugeständnis an unsere Unfähigkeit, im Feld des schlechthin Abgründigen mit sinnreich abstrakten Begriffen zu operieren – obwohl im Folgenden, der philosophischen Tradition entsprechend, vom „Radikalbösen" als einer Realität sui generis *die Rede sein wird.*

TEIL II
TRANSFORMATION NACH UNTEN

5.

MANICHÄISCHE WANDLUNGEN

Das nächste Jahrhundert gehört den Titanen; die Götter verlieren weiter an Ansehen. Da sie wiederkehren werden, wie sie es immer getan haben, wird das einundzwanzigste Jahrhundert, kultisch betrachtet, ein Zwischenglied, also ein „Interim" sein. „Dieu se retire." Dass der Islam eine Ausnahme zu machen scheint, darf nicht trügen; es liegt nicht daran, dass er der Zeit überlegen, sondern daran, dass er – titanisch gesehen – zeitgemäß ist. Auch der Weltstaat wird die Gewalt nicht abschaffen, da sie zur Schöpfung gehört. Der Krieg verwandelt sich in Polizeiaktionen kleineren und größeren Umfanges. Da die Kernwaffen monopolisiert sind, haben Aufstände keine Aussicht, doch der Terror wird zunehmen.

Ernst Jünger: „Gestaltwandel. Eine Prognose auf das 21. Jahrhundert",
Erstdruck 1993[16]

Im Verfolg der Frage, worin das Wesen des Radikalbösen bestehe, scheint es angebracht, uns eingehender mit der Rede vom *gewohnten Maß des Schreckens* zu befassen.

„Das gewohnte Maß" – damit ist jenes Ausmaß an Gräueln gemeint, welche uns, die wir entfernte Beobachter waren und sind, Tag für Tag in den Nachrichten begegnen. Es handelt sich um Massaker, Folterungen, Massenvergewaltigungen, das „Ausmorden" ganzer Regionen einschließlich des Abschlachtens von Greisen, Schwangeren und Kindern. Das alles gehört zur Tagesordnung jener lokalen Gemetzel und geopolitischen Händel, denen die Krisendiplomatie nach Beendigung des letzten Weltkrieges keinen wirksamen Riegel vorzuschieben vermochte.

Man könnte auch sagen: Das eben ist der normale Weltschrecken. Gegenwärtig – wir schreiben die Jahre 2015/2016 – tritt jenes Phänomen hinzu, das man sich angewöhnt hat, als „neue Völkerwanderung" zu bezeichnen. Ein Millionenheer an Flüchtlingen aus zusammenbrechenden Bürgerkriegs- und Terrorstaaten überflutet zurzeit Europa. Es geht ums blanke Überleben.

Ist denn die Weltgeschichte nicht bereits immer schon eine Abfolge von Massenvernichtungen gewesen, herrührend aus schierem Machtdrang und Blutdurst und religiösem Wahn; und korrespondierend dazu von Völkerwanderungen, geboren aus schierer Überlebensnot? *Auch das ist normal,* denkt – weltgeschichtlich belehrt – der distanzierte Betrachter auch hierorts, im einst christlichen Abendland, das sich, angesichts der hereinflutenden fremden Kulturen aus vorwiegend islamischen Ländern, wieder seiner Wurzeln zu entsinnen beginnt, oder besser: entsinnen möchte.

Dass jene Wurzeln in Wahrheit nie ein festes Zentrum hatten, sondern, bei aller späteren Dominanz des Christentums, eher einem weitverzweigten kulturellen Rhizom glichen, wird unter dem Stress einer drohenden „Überfremdung" leicht vergessen. Zu allen anderen Ängsten kommt nun die diffuse und dafür umso wirkmächtigere Angst hinzu, der eigenen „kulturellen Identität" verlustig zu gehen, auch wenn diese mehr herbeifabuliert wurde, als dass sie durch reale historische und soziale Merkmale abgesichert wäre.

Und auch das ist normal. Unsereiner hat nur Frieden, Freiheit und Wohlstandsmehrung erlebt. Diese Lage war und ist kaum geeignet, einen – wie ich sagen möchte – *Realismus des Normalen* zu befördern. Wir haben uns daran gewöhnt, in einer Zwischenwelt zu leben, einer weitestgehend gewaltfreien, individuell und kollektiv wohlbestallten, angstfreien Welt zwischen den normalen Härten des Daseins seit Menschengedenken. Ebendiese Welt für den Maßstab zu halten, an dem sich das Humane zu bemessen hätte, stellt eine geradezu ungeheuerliche Verzerrung des auf Dauer kollektiv und weltweit Möglichen dar – und ist gerade deshalb unser edelstes utopisches Vermächtnis.

An dieser Stelle möchte ich eine kleine Gelegenheitsreflexion einflechten, die ohne akademische Rückversicherung ein Licht auf die Frage wirft, was unter den jeweils obwaltenden Verhältnissen als normal zu gelten habe. Mir sind Stimmen gegenwärtig, denen die Härte des Weltganzen näherstand als einem vom Schicksal Begünstigten, der lebenslang vom langen Frieden nach 1945 profitierte, um schließlich die liberale, angstfreie, menschenrechtlich bemühte Kultur des Westens und dessen ebenso wohlstands- wie sozialstaatlich orientiertes Lebensmuster als „normal" zu empfinden.

SO KANN ES NICHT WEITERGEHEN!

„Normal", pflegte meine Großmutter zu sagen, die mir damals, in meinen wilden jungen Jahren, auf die Nerven ging: Für mich war gar nichts normal. Meine Großmutter hatte, nach einer entbehrungsreichen Kindheit und Jugend, zwei Weltkriege überlebt. Die meiste Zeit ihres Lebens war sie damit beschäftigt, nicht zu verhungern, nicht zu erfrieren, den Schlägen auszuweichen, die immer irgendwer für sie bereithielt. Und nun stand ich, der Enkelsohn, den sie liebte, vor ihr: empört, eifernd, weltverbesserisch. Dabei gab es fließendes Wasser am Gang, ein Klosett in der Wohnung, genügend Kohle, um zu heizen, und jeden Tag ein warmes Essen.

Dass ich ohne Angst um mein Leben zur Schule gehen und etwas „Anständiges" lernen durfte, hoffentlich lauter Dinge, die man fürs Leben brauchen konnte, gefiel meiner Großmutter. Die Politik hielt sie für ein notwendiges Übel. Dass es uns 1955 besser ging als vor 1945, hatten wir den Amerikanern zu verdanken und, natürlich, dem Umstand, dass „wir" so fleißig waren. Leopold Figl, unser damaliger Außenminister, gefiel ihr auch. Er hatte gesagt: „Österreich ist frei."

Meine Großmutter, die nur zu hohen Anlässen weiter hinaus in die Welt kam als bis zum Gemischtwarenhändler, zum Fleischer, auf den Bauernmarkt oder den Friedhof, war dennoch eine Weltweise. Sie sagte: „Normal." Für mich war es stets fünf vor zwölf, weil die Zeitung, die wir abonniert hatten – ein „linkes" Blatt für die einfachen Leute –, jeden Tag aufs Neue schrieb, dass es so nicht weitergehen könne.

Wie immer es weiterging, so jedenfalls auf gar keinen Fall. Aber schon damals wusste niemand genau zu sagen, wie dann, wenn nicht so ... Die Kriminalität stieg. Die Regierung war korrupt. Die Reichen kamen nie vor den Richter, weil sie sich's immer richten konnten. Und immer mehr Fremde kamen in unser Land, die unseren Männern die Arbeit wegnahmen: Gastarbeiter, die keine Gäste waren. Hingegen verstummte alle Kritik vor den Angehörigen des Jet-Sets, ob Gunter Sachs oder Gracia Patricia. Sie brachten unsere Hotellerie zum Blühen und selbst die Klatschkolumne des kleinen Arbeiterblattes zum Schwärmen.

Später fing ich an, den Sozialismus der einfachen Leute zu verachten. Meine Schreiwaffe, mit der ich die ganze Nachkriegsdemokratie moralisch abfertigte, war das Wort „Nazi". Ich hatte den *SS-Staat* von Eugen Kogon gelesen und einiges andere dazu. Meine Umgebung schwieg sich über die Juden und Konzentrationslager aus. Man hatte ohnehin von nichts etwas gewusst. Ich schrie bei jeder passenden Gelegenheit – aber nie schien eine zu passen –, dass es auf gar keinen Fall so weitergehen könne: so verlogen, so hartherzig, so selbstgefällig.

Mein späterer Freund Adolf Holl, Priester und Gelehrter, erzählte mir, dass er einen Schuster hatte, der stets, wenn er in seiner engen, fensterlosen Werkstatt von einem Kunden gefragt wurde, was er von den neuesten Kriegen, der neuesten Staatsverschuldung, den neuesten Korruptionsaffären halte, geantwortet habe wie meine Großmutter:

„Normal." Normal – das war zugleich ein Generationenzustand, geboren aus Not und Realismus und einer schlichten Dankbarkeit für das, was man hatte.

Daran muss ich denken, wenn ich höre oder lese, dass Europa keine Zukunft hat, weil die neue „Völkerwanderung" uns Europäer zuerst überschwemmen, dann überfremden und schließlich zum Islam bekehren werde. Jetzt gewinnen auch bei uns, in unserem schönen friedlichen Land, die Rechtspopulisten und Nationalisten – die Anti-EU-Hetzer – eine Wahl nach der anderen. Und warum? Weil, so ist landauf, landab zu lesen und zu hören, es die Altparteien nicht schaffen, eine glaubhafte Politik für „das Volk" zu machen. Noch immer weiß keiner genau, was damit gemeint ist, aber alle sind sich einig: „So kann es nicht weitergehen!"

Und dabei traut sich selten jemand, die Wahrheit zu sagen: dass nämlich mittlerweile ein nicht unbeträchtlicher Teil des Volkes, des sogenannten „Souveräns", eine vom Wohlstand, vom Sozialstaat und von der Friedenslangeweile innerlich verdorbene Einstellung zur Demokratie hat. Ja, es gibt im Lande viele Menschen, die um geringen Lohn schuften; und ja, es gibt das wachsende Heer der Arbeits- und Langzeitarbeitslosen, die zwischen Amoklauf und Apathie schwanken. Darüber hinaus jedoch gibt es „das Volk" – dieses Liebkind aller Demagogen. Denn „das Volk" ist bereit, so ziemlich die ganze Demokratie den Bach hinuntergehen zu lassen, vorausgesetzt, einer sorgt dafür, dass es wieder einmal eine „Mordshetz" und „Mordshatz" gibt. Deshalb hat kaum ein Politiker, der einen Funken Anstand oder gar Moral und Verantwortungsbewusstsein besitzt, eine nennenswerte Chance, das Richtige zu tun.

Das Richtige wäre nämlich das akkurat Falsche für „das Volk". Dieses möchte gerne sehen, wie Köpfe rollen und Zäune wachsen. Meine Großmutter überblätterte die politischen Kommentare. Sie sagte: „Immer dasselbe." Statt des Immerselben las sie die Geburts- und Heiratsanzeigen, außerdem, als Krönung ihres morgendlichen Lesevergnügens, die Todesanzeigen mit den schönen Begleittexten. Dazu sagte sie abwechselnd: „Schön, schön." Geborenwerden, heiraten, sterben – alles normal.

Heute, beim Blick in die Zeitung, lese ich die Überschrift des Leitartikels: „So kann es nicht weitergehen!" Und auch das ist – mit dem Maßstab meiner Großmutter gemessen – normal.[17]

***

Es ist gewiss erforderlich, zwischen bösen Handlungen, die individuell gesetzt werden, und solchen, die als Teil eines kollektiven Handelns auftreten, zu unterscheiden. Denn bei Letzteren ist es nicht selten der Fall, dass sie durch Kollektivmechanismen in Gang gesetzt werden, die der Täter im Rückblick mit Entsetzen als persönlichkeitsfremd empfindet. Er agierte mehr oder minder „fremdgesteuert", eben als einer, der in die Kollektivpflicht genommen worden oder in den Strudel einer Massenekstase geraten war. Demgegenüber sind individuelle Handlungen, die aus freien Stücken eine böse Absicht realisieren, dem Täter als sein eigenes Verschulden im engeren Sinne zurechenbar.

In allen Fällen geschehen Dinge, denen nach dem Maßstab der uns als verbindlich erscheinenden Humanität – ich unterstelle, dies sei keine bloße Begriffshülse – ein *nicht normales*, weil abnormes, verbrecherisches und jedenfalls böses Verhalten zugrunde liegt. Wenn wir also auf die Geschichte menschlicher Taten und Untaten blicken, ob als Folge kollektiver oder individueller Mobilisierung, dann ist das Urteil „Normal!", wie es von meiner Großmutter oder Holls Schuster gefällt wurde, zugleich *Ausdruck eines Urteils über die menschliche Natur an sich*. Demnach wäre unser Humanitätsbegriff, inklusive der ihm eigenen Prinzipien einer zivilisierten, universalistischen Moral, weniger die durchschnittliche Regel, sondern eher eine luxuriöse Ausnahmeerscheinung im Menschheitsbetrieb, also – in diesem Sinne – seinerseits „nicht normal".

Konrad Lorenz hat vor mehr als einem halben Jahrhundert, 1963, einen wissenschaftlichen Bestseller vorgelegt, der den bezeichnenden Titel *Das sogenannte Böse* trug. Er gab diesem Werk den Untertitel *Zur Naturgeschichte der Aggression*. Gemeint war die „innerartliche Aggression", also all dasjenige, was Artgenossen einander antun, weil sie von ihrem biologischen Erbgut dazu verhalten werden, bei Vorliegen auslösender Schlüsselreize Handlungen zu setzen, die unter einem moralischen Gesichtspunkt als „böse" gelten. Wenn wir uns mit Lorenz auf die Ebene des Menschen begeben, dann stellt sich die Frage: Warum nicht einfach „das Böse", sondern „das sogenannte Böse"? Weil – so die Antwort des Ethologen – hinter dem Verhalten, das sich unter spezifisch kulturellen Bedingungen als böse darstellt, eine Jahrmillionen währende Evolutionsgeschichte steht, die uns lehrt, dass ebendieser Typus des Verhaltens die längste Zeit überlebensdienlich war.

Unter heutigen, befriedeten Umständen hingegen erscheint uns das Ausagieren körperlicher Gewalt, individuell und erst recht kollektiv, als barbarisch und kriminell – es sei denn, es liegt ein sportlicher oder politischer Anlassfall vor, für den seinerseits ganz bestimmte Regeln der Aggressionshemmung gelten. Einst jedoch, so Lorenz, war dasjenige, was uns nun als Barbarei erscheinen mag, ein erfolgreiches Überlebensmodell für die Gruppe und letztlich die ganze Spezies. Vieles an der Theorie von Lorenz stellte sich bald als problematisch heraus. Lorenz war Darwinist und als solcher, konsequent biologistisch, auch Sozialdarwinist. Der „Vater der Graugänse" beklagte am zivilisierten Menschen dessen Überdomestizierung, die er, wenig empfindlich, gelegentlich als „Verhausschweinung" bezeichnete. Dabei stand im Hintergrund die Vorstellung, dass die überlebensdienlichen Merkmale und Neigungen – darunter hervorstechend die Aggression – dem *Fortbestand der Art* dienlich seien, während die moderne Evolutionstheorie, nach einer Prägung von Richard Dawkins, vom „egoistischen Gen" spricht. Demzufolge stehen sich nun die Individuen einer Spezies als Genrivalen gegenüber, und zwar umso mehr, je weniger verwandt sie miteinander sind. Und worum es, so gesehen, in der Evolutionsgeschichte geht, ist die möglichst rasche Ausbreitung des eigenen Genpools.

Es mag sein, dass sich bereits eine neue naturgeschichtliche Sicht der Aggression und damit auch des „sogenannten Bösen" abzeichnet. Worauf es im vorliegenden Kontext – der Ontologie des Bösen – allerdings ankommt, ist die Demonstration eines Sachverhalts, der vor dem Hintergrund unseres großen kulturellen Erbes keineswegs selbstverständlich scheint. Denn es geht darum, dass der Ursprung des Bösen *naturalistisch reduziert* wird. Mit anderen Worten: Das Böse wird „abgeleitet" aus Annahmen über das Wesen des Menschen, die keinerlei Anleihen bei der Metaphysik machen. *Böse zu sein ist demnach etwas Natürliches.* Übernatürliche Einflüsse wie jener des Teufels oder irgendwelcher dämonischen Kreaturen bis hin zu den übelwollenden Seelen von Verstorbenen scheiden als mythische Märchen von vornherein aus. Dem entspricht, dass an die Stelle der Seele, deren Gnaden- und Heilsstatus verdorben werden könnte, die „Psyche" und das „Psychologische" treten. Diese sind, im mittlerweile dominierenden wissenschaftlichen Weltbild, ihrerseits Ableitungen aus biologischen Funktionen.

Gäbe es den Teufel, er hätte aufgrund der Entleerung des Seelenterrains und damit der inneren Beziehungslosigkeit der Welt zum Göttlichen gar keinen Bewegungsspielraum mehr. Auch wenn das Feld der Psychopathologie heute, bereichert durch die Erkenntnisse aus historischer Ethologie, Genetik und Hirnforschung, tiefschürfend beackert wird, so ist das dabei zutage tretende „Anormale", das sich häufig als ein Element des Universums böser Tatsachen manifestiert, doch in anderer Hinsicht durchaus „normal". Denn es entspricht nicht nur der menschlichen Natur, dass sie ursprünglich Überlebensstrategien generiert, die unter einem humanitären Gesichtspunkt als unmenschlich anmuten (man denke an das ebenso einfache wie brutale Muster der Austilgung des jeweils Schwächeren bis hin zur Ausrottung ganzer Völker); hinzu tritt, dass es vielerlei pathologische Entgleisungen gibt, etwa Serienkiller oder Warlords ohne Gewissen, deren Blutdurst und sadistische Neigungen nie genügend Nahrung erhalten. Der Befund des Experten hierzu wird indessen lauten, dass derartige „Devianzen" – von den Opfern aus gesehen teuflische Monstrositäten – angesichts der Komplexität des menschlichen Erbguts und des Homo-Sapiens-Gehirns, *erwartbar* seien und insofern *normal*, falls ihr Auftreten eine gewisse Häufigkeit nicht überschreitet.

Meine Großmutter und Holls Schuster waren, abgesehen von anderen Lebenswidrigkeiten, mit einer Fülle solcher „Devianzen" konfrontiert – kollektiver und individueller Grausamkeiten, die mit größter Selbstverständlichkeit, mit Genugtuung oder sogar Hurrageschrei ausgeübt wurden. Das hatte zweifellos zur Folge, dass ihre Vorstellung davon, was unter menschlichen Verhältnissen „normal" sei, eine düstere und darüber hinaus fatalistische Grundierung annahm: Gegen das Böse lässt sich auf Dauer nichts ausrichten, es kommt in Schüben. Und so musste ihnen, nach den beiden Weltkriegen, der liberaldemokratische Friedenszustand im eigenen Land als Ausnahme von der Regel erscheinen. Plötzlich galten die Verletzung des Gleichheitsgrundsatzes, die Beschneidung von Bürger- und Grundrechten, das Vorenthalten sozialer Chancen, der skrupellose Umgang mit den Schwachen und Unliebsamen als böse und wurden unter rechtliche Sanktionen gestellt. Gleichermaßen als böse, zumal in Zeiten des Kalten Krieges mit dem kommunistischen Erzfeind der Sowjets, galt die zentralstaatliche Behinderung jener Marktmechanismen, die es endlich ermöglichen sollten, einen bescheidenen Wohlstand für alle zu sichern.

Was meine Großmutter anging, so hörte sie – bei aller Erleichterung über das Ende des Kriegs- und Nachkriegselends – nicht auf, dem neugewonnenen Frieden samt den Gütern, die man sich nun aneignen konnte, zu misstrauen. *Das alles war nicht normal.* Was mich selbst betrifft, so kommt mir heute, Jahrzehnte später, ebenfalls vor, dass angesichts des Unfriedens, der den größeren Teil unserer geschundenen Welt in der einen oder anderen Form heimsucht und verwüstet, die Ruhe und Freundlichkeit hierorts, wo ich mich auf-

halte – im Zentrum Europas –, *nicht wirklich normal ist.* Nur sage ich
dies als einer, der, nach Gewöhnung an Rechtsstaat, Frieden und
Wohlstand, sich nun verwundert umschaut: Und hier, bei uns, hat es
noch nicht gekracht? Hier ist die politische Welt, hier ist die staatliche Ordnung, trotz Flüchtlingszuwanderung, hoher Arbeitslosigkeit
und einer glosenden Demokratieverdrossenheit, noch einigermaßen
funktionsfähig? Wie lange noch ...?

Hätte auf meine Großmutter und Holls Schuster der Bildungs-
maßstab eines Ernst Jünger zugetroffen, dann hätten auch sie vermutlich von einem „Interim" gesprochen, natürlich nicht in jener
mythologischen Akzentuierung, die für den Autor des *Arbeiters*
(1932) typisch war. Durchaus visionär sah Jünger eine Zunahme des
Terrors voraus, wozu passt, dass er im Aufbruch des Islams weniger
ein religiöses Phänomen im engeren Sinne sehen wollte als vielmehr
eine „zeitgemäße" Erscheinungsform des Titanismus.

Im Übrigen ist aus Jüngers weltgeschichtlicher Phasendoktrin,
wonach sich Zeitalter, in denen die Götter regieren, mit solchen ab-
wechseln, wo die ursprünglicheren, aber den Göttern feindlich ge-
sinnten Titanen herrschen, wenig analytisches Kapital zu schlagen.
Das Raster ist zu grob. Jüngers nietzscheanischer Hintergrund – die
Lehre von der Ewigen Wiederkehr – scheint gerade für unsere Gegenwart und Zukunft wenig hilfreich. Wie sollte man sich denn,
nach einer Epoche der „totalen Mobilmachung" aller technischen
Kräfte, die *Rückkehr der Götter* vorstellen? Man kann natürlich über
eine Schwächung des militanten Islams und eine Re-Spiritualisierung
der Welt spekulieren – aber man bekommt, indem man die, heute
ohnehin anachronistischen, Bilder der altgriechischen Mythologie an-
setzt, keine rechte Vorstellung für die Zeit nach dem „Interim" des
21. Jahrhunderts.

In unserem Zusammenhang würde der wichtigste Einwand gegen
Jünger lauten: Wer in Zyklen, epochenumfassenden Kreisläufen, die
sich ewig wiederholen, denkt, für den muss schließlich alles „normal"
sein, auch dasjenige, was dem in seiner Epoche gefangenen Normal-
verstand als in höchstem Maße abnorm, verdorben, böse zu sein
scheint. Und ist denn dieser Schein tatsächlich ein bloßer Anschein,
der sich, von einem abgehobenen Standpunkt aus, als nichtig erweist,
ohne Verwurzelung im Fundament des Seins? Wer diese Frage mit
„Ja" beantworten möchte, verpflichtet sich auf eine *manichäische*
Sicht der Dinge.

Es ist bemerkenswert – und wir bemerkten es schon –, dass das
manichäische Denken, wenn auch in spielerischer Form, vielen mo-

dernen und postmodernen *Fantasy*-Welten gemeinsam ist. Einmal abgesehen von den Besonderheiten der Doktrin des persischen Religionsgründers im dritten nachchristlichen Jahrhundert, Mani, liegt das Eigentümliche des manichäischen Konzepts ja darin, dass zwei gleichursprüngliche Prinzipien angesetzt werden, so wie es Weiß und Schwarz, Materie und Geist, Tag und Nacht gibt. Diese Prinzipien sind immer auch das Gute und das Böse.

Indem aber das Böse zu einem Fundamentalcharakteristikum des Kosmos erhoben wird, bleibt es zwar nach wie vor Repräsentant des zentralen Unwerts, verkörpert in den Gestalten der Nacht, des Nichts, der Irrationalität; zugleich jedoch verliert die Rede davon, dass man das Böse bekämpfen und vernichten sollte, ihren *ethischen* Sinn. Im Manichäismus ist der Kampf zwischen Gut und Böse keine moralische Auseinandersetzung, sondern ein Art *schicksalhafter Tanz.* Gut und Böse sind Antipoden, die in ewigem Widerstreit liegen und auf diese Weise die Dynamik des Kosmos sicherstellen, um derart dafür zu sorgen, dass – wie es schematisch heißt – überhaupt etwas ist und nicht vielmehr nichts.

An dieser Stelle muss also bedacht werden, dass der Manichäismus ein entscheidendes Charakteristikum des Bösen *gar nicht in den Blick bekommt.* Und weil dem so ist, ist er auch unfähig, die Natur des Radikalbösen zu erfassen. Das Charakteristikum des Bösen besteht darin, nicht bloß ein sogenanntes Böses zu sein. Denn das sogenannte Böse bildet keine ethische Kategorie. Aber nur insofern, als die unter das Böse fallenden Erscheinungen zugleich unter eine echte ethische Kategorie fallen, können sie *mit moralischem Recht* verabscheut, unterdrückt und bekämpft werden.

Es entspricht der Natur des Radikalbösen, sich strategisch zu verbergen. Es tritt erst hervor, wenn der arme Sünder reif ist, in die Hölle abgeschleppt zu werden; oder wenn der Seelenraub verbrieft und besiegelt ist; oder wenn The Devil's Party ihre Klimax erreicht hat und der Triumph des Bösen nicht mehr verdorben werden kann. Vorher jedoch gehört es zur Strategie des Teufels, seine ethische Nachtseite, die Ontologie des Bösen, aus der er hervorgeht, in ein möglichst „interessantes", aber häufig auch unscheinbares Naturschauspiel zu kleiden, um derart, als „natürlich", dem moralischen Verdikt zu entgehen. Dazu dient nicht zuletzt die wissenschaftlich sanktionierte Wandlung des Bösen zum sogenannten Bösen, das eine Art von Normalität konstituiert: *That's the way it is.*

Begreift man die moderne Wissenschaft als einen Ausdruck des neuzeitlichen Titanismus, der nicht nur bisher ungeahnte Kriege hervortreibt, sondern auch eine neue Dimension des Technischen samt neuen Anthropotechniken, dann gehört zum titanischen Zeitalter *wesentlich eine Transformation des Ethischen.* Das Gute verliert seinen Platz als der oberste aller Werte, ja büßt seinen *ethischen Kardinalstatus* überhaupt ein. Das sogenannte Gute ist genauso gut oder schlecht wie das sogenannte Böse. Es hat nur eine andere Funktion im universellen Betrieb der Welt. Ist dieser Wandel erst einmal recht verstanden – und es ist ein die geistige Welt umstürzender Wandel –, so fällt es nicht schwer, im Universum der „sogenannten" Werte, ob in Form des Guten oder Bösen, *die säkulare Form des Manichäismus* als eine Ausprägung des modernen Titanismus zu erkennen.

Bereits das „sogenannte Böse", dem die Ausführungen von Konrad Lorenz gelten, leidet darunter, die *Unmoralität* des Bösen in ein zweideutiges Licht zu rücken, obwohl sich der Verhaltensforscher vermutlich gegen jede manichäische Metaphysik verwahrt hätte. Es lässt sich jedoch nicht darüber hinwegreden, dass die Formen der innerartlichen Aggression – vom Überlebensstandpunkt der jeweiligen Spezies aus betrachtet – in der Wildnis des Daseins einen guten Zweck hatten und auch noch in der Zivilisation hilfreich sind, und zwar den jeweils Stärkeren, aber auch den unterdrückten Massen, die sich gegen ihre Unterdrücker erheben.

Wenn also, unter einem allgemeinmenschlichen Gesichtspunkt betrachtet, die meisten Formen der zerstörerischen, mörderischen Aggression (daneben gibt es bekanntlich auch solche, die konstruktiven Zwecken dienen, bis hinein in die Kunst) als *moralisch böse* gebrandmarkt werden, dann lässt sich ein solches Urteil nur unter einer einzigen Voraussetzung rechtfertigen: Die jeweiligen Täter waren keine alternativlos Handelnden gemäß dem Mechanismus ihrer Gene, ihrer Neuronen oder anderweitig zwingender Faktoren, sondern hätten sich auch anders entscheiden und dementsprechend anders handeln können! Nun ist aber gerade diese Voraussetzung unter den Prämissen der naturalistischen Rekonstruktion menschlichen Verhaltens nicht sinnvoll darstellbar.

Vom humannaturalistischen Standpunkt aus ist das Faktum des *liberum arbitrium*, des freien Willens, als Metaphysikum einzustufen und daher zu verwerfen. Es ist indessen einzig der freie Wille des Menschen, der die manichäische Gleichordnung von Gut und Böse unterläuft. Der mit freiem Willen begabte Homo sapiens weiß, dass das Gute zu tun und zu befördern, das Böse hingegen zu meiden und zu bekämpfen sei, während im religiösen Manichäismus eine Art Schicksalsdualität waltet, die den Einzelnen bindet. Darüber hinaus ist sich der Mensch als moralisches Subjekt auch dessen bewusst, dass es in seiner autonomen Macht steht – und ihm nicht schicksalhaft auferlegt wurde –, das Böse zu meiden, ja, sofern zumutbar und möglich, es aus freien Stücken zu bekämpfen.

Durch die Forschungen der letzten Jahrzehnte, die der Frage nachgingen, wie uns unser Gehirn das unabweisbare Gefühl freien Entscheidens vermittle, scheint vielen Fachleuten in Wissenschaft und Philosophie die Idee des freien Willens endgültig widerlegt zu sein. Denn – so scheinen die experimentellen Daten zu beweisen – der zwingende Eindruck, man hätte auch anders entscheiden und handeln können, als man tatsächlich entschied und handelte, sei eine vom Gehirn „erzeugte" Illusion. Damit wird, recht verstanden, das „sogenannte Böse" des Konrad Lorenz erst recht, und zwar auf einer tiefen Ebene, zum *Sogenannten*. Unseren bösen Absichten und Handlungen mit moralischen Vorwürfen zu begegnen, wäre demnach ein Archaismus, freilich einer, der sich seinerseits den artgeschichtlich herausgebildeten, genetisch programmierten Funktionsdynamiken unseres Gehirns verdankte. Wir kommen hier an eine Grenze, wo wir uns in Paradoxien verstricken – in die Paradoxien des modernen Manichäismus.[18]

Um Wohlbekanntes festzuhalten: Im Alltag sind wir außerstande, ohne die ethischen Kategorien von Gut und Böse auszukommen. Nur wenn wir der Meinung sind, wir seien in der Lage, in zurechenbarer Weise gut oder böse zu handeln, werden wir uns wechselseitig als Personen, und nicht bloß als Bioorganismen, wahrnehmen und begreifen. Daher können wir auch von der Idee nicht Abstand nehmen, für unsere Taten ebenso wie die ihnen vorausgehenden Überlegungen und Entscheidungen verantwortlich zu sein. Wir bedürfen der sinnvollen Möglichkeit und sachlichen Rechtfertigung einer moralischen Reaktion. Diese komplexe – unverzichtbare, wenngleich metaphysisch aufgeladene – Bedingung der Möglichkeit, eine Person zu sein, widerspricht der Vorstellung, wir seien gleichsam Überlebensmaschinen unserer Gene und, weniger tief sondiert, Marionetten unseres Gehirns.

Der theoriemächtige Begriffsrahmen, der letzten Endes auf einem Fundamentalismus des Gehirns und der Gene beruht, ist etwas grundsätzlich anderes als der „anthropologische Realismus", den meine Großmutter und Holls Schuster zum Ausdruck bringen wollten, indem sie versicherten, das Böse, welches ihre Welt regierte, erschütterte und zerstörte, sei „normal". Beide – so könnte man sagen – neigten *einem Alltagsmanichäismus ohne manichäische Ontologie* zu.

Denn auch wenn ihre Lebenserfahrung sie gelehrt hatte, dass dem Menschen so ziemlich alles Schlechte zuzutrauen war, dachten sie vermutlich keinen Augenblick daran, dass, mythologisch gesprochen, Gottes Werk und Teufels Beitrag von gleichwertiger Bedeutung seien, so sehr auch das Böse die menschliche Natur prägen mochte. Denn auch wenn das Böse zur menschlichen Natur gehörte wie das Amen zum Gebet, so folgte daraus für den schlichten, durch die Tatsachen belehrten, humanrealistischen Alltagsverstand doch keineswegs, dass das Gute nicht *höherstand*. Nicht die Hölle, sondern der Himmel war das Sehnsuchtsziel der Seele.

Freilich: Mit derlei Abstufungen kann das naturalistische Bild vom Menschen nichts anfangen. Es versteht die im „moralischen Sprachspiel" zentral verwendeten Distinktionen als Teil einer umfassenden, zerebral gesteuerten Illusionierung und Selbstillusionierung, die sich im Kampf ums Überleben als erfolgreich erwiesen haben und nun aber – wie viele Hirnforscher meinen, die gerne, allzu gerne sozialreformerische Ideen entwickeln – dysfunktional geworden sind. Demnach sollten wir endlich auch praktisch berücksichtigen, was uns die neurologische Theorie lehrt, nämlich, dass wir im Wesen unser Gehirn *sind*. Die Seele wäre demnach ein religiöses Relikt, an dem viele schädliche Glaubensrestbestände hängen, beispielsweise der Teufel und die Sünde, zentral auch die Hoffnung auf ein „ewiges Leben".

Ironischerweise wollen trotz dieser grundsätzlichen Einwände gegen die uns eingeborene (ich sage nicht: angeborene) Alltagsmetaphysik sogar die meisten radikalen „Naturalisten" auf die lenkende Funktion des moralischen *Sprachspiels* und der damit verbundenen *Lebensform* – um zwei Schlüsselbegriffe Wittgensteins zu verwenden – nicht verzichten. Was sollte denn an deren Stelle treten? Ein umfassendes System der Konditionierung im Sinne des Behaviorismus, wie es bereits B. F. Skinner in seiner utopischen Gesellschaftserzählung *Walden Two* (1948) vorschwebte? Wohl kaum. Denn ein solches System hätte, folgerichtig praktiziert, auch noch jene mit einzuschließen, welche ihr elitäres Selbstbewusstsein daraus beziehen, dass gerade sie es sind, welche die Konditionierungsprogramme ersinnen und leiten. Nichtsdestoweniger hätten auch sie sich, ihrer eigenen Theorie des zerebral gesteuerten Menschen entsprechend, dem Ziel einer paternalistisch-wohlwollenden Außenlenkung ihrer Persönlichkeit, „jenseits von Freiheit und Würde", zu unterwerfen.

Zu bedenken bleibt also, dass gerade jene wissenschaftlichen Eliten, von denen utopische Außenlenkungs-Szenarien für die Masse der Laien ernsthaft erwogen werden, sich ihrerseits entwürdigt, ja buchstäblich *dehumanisiert* fühlen würden, sollte an sie selbst die Forderung gerichtet werden, dem Ameisenheer der konditionierten Massen beizutreten: als Gleiche unter Gleichen.

Im Gegenteil: Sich in Freiheit und Würde *oberhalb* der Massen zu bewegen, gälte im radikalnaturalistischen, zerebrokratischen Gesellschaftsmodell als ein Positionsgut, das nur Wenigen – nämlich den Mitgliedern der „rationalen" Nomenklatura, bestehend aus den „Wissenden", den Experten – vorbehalten bliebe. Das wäre theorieinduzierte Ungleichheit, die Anlass geben sollte, über die ideologischen Einschlüsse einer Sozialreform zur Eliminierung des „archaischen" *liberum arbitrium*, samt den damit verknüpften Ideen einer autonomen Moral und einer persönlichen Würde auf der Basis freier Selbstverwirklichung, nachzudenken.

Abgesehen davon gibt es kein wissenschaftliches Programm, ob es nun auf der Basis operanter Konditionierungen, einstellungsverändernder Drogen oder genetischer Nachjustierungen funktionieren sollte, welches der Gretchenfrage aller längerfristigen, institutionalisierten Gemeinschaftsbildung entkäme. Diese gründet darin, dass keine Sozialpolitik, mag sie der Freiheit des Wollens und Handelns auch theoretisch entsagen, ohne *genuin moralische* Wertungen auskäme. Stets bliebe ja die Frage zu beantworten: „Was ist denn nun die *richtige* Art der Beeinflussung und Manipulation, um das Denken und Handeln der Menschen in die *rechten* Bahnen zu lenken?"

Doch woher könnten unter dem Bann der naturalistischen Verengung des Blicks auf das Wirkliche die erforderlichen Prinzipien, das heißt: die *normativen Maßstäbe des Ethischen*, kommen, wenn sie weder in den Genen noch sonst wo im Naturreich des Menschen eine Verankerung hätten? Müssten sie nicht – provokativ gefragt – buchstäblich vom Himmel fallen? Die Frage hat keinen Anhalt im erodiert Ethischen mehr, dem jede ontologische Grundlage fehlt. Sie verschwindet erst – und sie verschwindet bloß scheinbar –, wenn wir ins Feld des „sogenannten" Bösen und Guten überwechseln: *ins Feld des naturalistischen Manichäismus*. Das Böse ist dort jedenfalls nicht weniger normal als das Gute; schon eher ist das Gute verdächtig, dem Recht des Stärkeren in den Arm zu fallen und so, nietzscheanisch gesprochen, irgendwelchen krankhaft lebensfeindlichen „Tugenden" zum Durchbruch zu verhelfen.

Im Bannkreis des naturalistischen Manichäismus gibt es keine Seele und keinen Teufel. Die Seele wird aus wissenschaftlichen Gründen als inexistent erklärt, und wie der Teufel wird sie als ein Relikt archaischer Instinkte ins Reich der Ammenmärchen verbannt. Mit dem, was meine Großmutter und Holls Schuster als „normal"

bezeichneten, hat das alles – um diesen Punkt noch einmal hervorzu-
heben – nichts zu tun. Es handelt sich nicht mehr um eine aus Not
und Schmerzen geborene Sicht des Menschen, eine humanrealistische
Sicht, der immer noch gegenwärtig ist, *dass es das Menschliche im em-
phatischen Sinne des Wortes wäre, wonach es zu streben gälte* (selbst
wenn das Streben sich als ein Weg ins Leere erweisen sollte).
Mythologisierend gesprochen: Der naturalistische Manichäismus
ist eine Maske des Teufels. In der Geschichte des Radikalbösen spielt
er heute die entscheidende Rolle. Denn er schmückt sich mit den
Verdiensten der empirischen Rationalität, während er zugleich,
machtvoll unterstützt durch das technische Universum und der ihm
immanenten Gewaltmöglichkeiten, neue Formen des Jünger'schen
Titanismus vorbereitet. Ich denke jedoch mit Vorbehalt, dass Jünger
noch zu sehr an den Materialschlachten zweier Weltkriege und einer
Form der Wohlstandsmehrung orientiert war, die sich zu einem ge-
wichtigen Teil auf die Schwerindustrie stützte, auf die Schmelzöfen
der Metallverarbeitung, auf die paramilitärischen Megabauten der
Atomkraftwerke und die kolossalen Maschinen zur Herstellung der
Stahlbetonbauten des 20. Jahrhunderts, die in den Himmel getrieben
wurden.

Das Titanenhafte des 21. Jahrhunderts hat ein anderes Aussehen.
Abgesehen von riesigen Umweltprojekten im nahen und fernen
Osten, welche die Aus- und Umsiedelung ganzer Völker erfordern,
hat die Elektronik unser „Weltbild" grundlegend verändert. Der
Teufel steckt in den Bits und Bytes eher als in den Silos, in denen die
Langstreckenraketen mit ihren Atomsprengköpfen lagern. Wer heute
eine Ontologie des Radikalbösen schreiben wollte, das heißt: eine
Seinsgeschichte des Seelenverlusts, der hätte die Verschränkung von
physikalistischer und digitaler Intelligenz zu studieren. Denn erst diese beiden im Zusammenspiel produzieren jene Oberflächen eines
künstlichen Sinnuniversums, worin alles jederzeit möglich scheint –
außer der Frage nach dem Sinn des Sinns: der Frage nach dem Sinn
einer Welt, aus der alles Geistige und die daraus entspringende Lebendigkeit des Lebens – das *Seelenvolle* – zugunsten künstlicher Er-
leichterungswelten vertrieben wurde.

6.
Opakes Leben

Warum erfüllt uns das Auftauchen des Islamischen Staates, IS, dieser religiösen Terrorwalze, die zeitweilig halb Syrien erobert hat und unter anderem das Uralterbe von Palmyra schrittweise dem Erdboden gleichmachte, derart mit Abscheu und einem geradezu heiligen Schrecken – einem Schrecken, der *über das bisher gewohnte Maß* hinausgeht? Eine Antwort darauf legt sich vielen Zeitgenossen nahe: Weil hier, unter der Maske einer radikalen religiösen Erneuerung, der Teufel höchstpersönlich in Menschengestalt am Werke zu sein scheint. Kurz: Das Wort „menschliche Teufel" hat wieder Saison.

Das Wörtchen „radikal" müsste demnach mit dem Wörtchen „böse" zusammengeschweißt werden: *radikalböse*. Selbst wenn die, die so reden, an religiösen Dingen kaum interessiert sind und sich keine Gedanken darüber machen, wie das Radikalböse in einem ontologisch fundierten Sinne aufzufassen wäre, so soll doch durch Superlativformeln klargestellt werden, dass es hier kein Wenn-und-Aber mehr gibt – keine Relativierung auf kulturelle Eigenheiten oder andere Umstände, die das Phänomen IS erklärbar und derart dem menschlichen Verstehen zugänglich machen könnten.

Dass der Schrecken eines neuen religiösen Terrors inmitten unserer hochtechnisierten, globalisierten Welt über das „bisher gewohnte Maß" hinausgeht, soll wohl auch heißen, dass wir es mit *entmenschten Menschen* zu tun haben: Menschen, die sich durch ihre Taten aus der menschlichen Gemeinschaft exilieren. Im Umkehrschluss bedeutet eine solche Diagnose dann aber: Wir haben den Eindruck, es mit Wesen zu tun zu haben, die *unansprechbar* geworden sind. Diese furchtbaren Wesen, die ihr Verfallensein an das unansprechbar Böse, an den Teufel, unter dem Mantel des Gotteskriegertums verbergen, behandeln uns, die „Ungläubigen", wie Insekten. Den im Namen ihrer teuflischen Religion Agierenden, den Entmenschten, Unansprechbaren, ist jedes Massenvernichtungsmittel recht, um die ihnen anbefohlene Ausrottungsmission zu vollenden. Und dabei sprechen und sprengen und morden sie im Namen eines Gottes, von dem es heißt, er sei die Liebe und Barmherzigkeit.

Eines der Symptome, durch die sich die Präsenz, ja Verdichtung des Radikalbösen in der Welt anzeigt, ist die Zersetzung („Dekon-

struktion") der Schöpfungsnatur, worin Beseelt-Geistiges realpräsent
ist und deshalb auch das Ethische zu den Grundmerkmalen des Seins
gehört. Dabei handelt es sich nicht um eine x-beliebige Verwandlung,
sondern um eine *Transformation nach unten*, um das *Opakwerden des
Lebendigen* und seine Ersetzung durch eine Welt, die im Innersten
Züge des fühllos Insektoiden und tot Maschinenhaften trägt. Jüngers
Bild vom Titanischen greift hier zu kurz. Oder es projiziert in die
Welt der Titanenrevolten gegen die Olympier, in den kosmos-
erschütternden Kampf des Zeus und seiner Mitstreiter gegen die
Unterweltlichen, etwas von jener Gewalt, die aus dem Leblosen, der
toten Materie und ihren fernen, intentionslos „intelligenten" Able-
gern, den Maschinen, ausgeht. Nicht selten wird ja, in den paranoi-
den Szenarien des Materialismus, auch die Natur selbst als eine blinde, weil geistlos vor sich hin wütende Riesenmaschine gedacht.

Nein, den Titanen fehlt ursprünglich nicht völlig das Licht des
Geistes, so wenig wie die herrlichen, lichtvollen Götter des Olymps
einer Dunkelheit der Affekte entbehren, die sie immer wieder ins Bestialische changieren lässt. Gewalt ist überall, wenn auch ungleich
verteilt, und einzig an den äußersten Rändern der titanischen Welt
findet sich bloß noch das absolute Dunkel, dem kein Begriff mehr
nahekommt und das einen Namen nur mehr äußerlich trägt. Man
denke an die Black Holes, die Schwarzen Löcher der Physik, die für
uns Symbole einer höchstverdichteten Masse sind, welche nichts
mehr aus sich entlässt außer die Schwärze eines unentzifferbaren
Schweigens. Diese kosmischen Gebilde sind Metaphern für das metaphysisch Opake: in ihrer Geistferne, am anderen Ende einer Skala,
deren Licht vollkommen transparent und daher göttlich wäre (wenn
auch für uns Endliche nicht direkt anschaubar), stehen sie dem Radikalbösen in der Natur am nächsten.

Langsam nähern wir uns einem komplexeren, mehrdimensionalen
Verständnis dessen, worauf meine Großmutter und Holls Schuster
mit ihrem Diktum „Normal!" abgezielt hätten, wären sie philosophisch interessiert gewesen (und vielleicht waren sie es ja auf ihre
selbstgenügsame Weise ganz besonders). Selbst das allergrößte Verbrechen, das nach spontanen menschlichen Maßstäben die sofortige
Vernichtung des Täters erfordert – Maßstäbe, die nicht unbedingt
jene einer auf Zivilisierung, auf die „Dämpfung der Affekte" bedach-
ten Rechtsordnung sein müssen –: selbst ein solches *Absolutverbrechen*
könnte immerhin eines sein, hinter dem ein pervertierter geistiger
Zustand davon kündet, dass wir die Schwelle zum Radikalbösen hin
noch nicht überschritten haben.

Man braucht hier keine klaren Kriterien zu suchen. Es gibt sie nicht. Aber es wäre abwegig, wollten wir aus Gründen analytischer Sauberkeit hinter der Ahnung, es gäbe opakes Leben, nichts weiter vermuten als die Schrulle eines Metaphysikers. Gerade die großen Autoren unserer Literatur, die sich den menschlichen Abgründen in ihren „unmenschlichsten" Ausprägungen zugewandt haben, waren fasziniert von der Undurchdringlichkeit des „Opaken". Dabei ist eine extreme Figur wie Dostojewskijs Raskolnikoff noch kein wirkliches Extrem. Denn dieser steht, in seinem Verlangen, die schwere Schuld der grässlichen Morde zu sühnen, die er aus Not und unter dem Einfluss einer Ideologie des „großen", über dem menschlichen Gesetz stehenden Menschen begeht, unserem christlich geprägten Verstehen näher, als uns lieb sein mag. „Klammheimlich" wünschen wir, er möge nicht nach einer Gerechtigkeit fiebern, die uns selbst nie ganz geheuer war. Und wenn wir trotzdem nicht möchten, dass Raskolnikoff ungestraft entkommt, dann deshalb, weil wir verstehen, dass er an sich einen Anspruch stellte, der sündhaft war: Er ist keiner jener Außergewöhnlichen, welche eine „menschliche Laus" wie die herzlos wucherische und bigotte Pfandleiherin einfach erschlagen dürften. (Auch jene dürfen es nicht, sie sind bloß faszinierende Monster.)

Die in den letzten Jahrzehnten grassierende Serienkillerliteratur, deren Prototyp James Ellroys *Black Dahlia* (1987) war, führte in eine Welt weit unterhalb des Raskolnikoff-Syndroms. Trotzdem verschlossen sich die Bösen dieser infernalischen Welt nicht völlig unserem Verständnis. Zwar waren sie Getriebene, aber die schaurigen Rituale, die sie zelebrierten, hatten ihren Grund meist in schweren Traumata, die bis in ihre Kindheit zurückreichten. Das gilt selbst noch für den Kannibalen Hannibal Lecter aus Thomas Harris' *Schweigen der Lämmer* (1988).

Die opake Welt des Radikalbösen beginnt dort, wo kein Verständnis mehr in der Lage ist, das Ungeheuerliche des Menschen aufzuschließen. Und akkurat dieser Typus des mörderischen „Unmenschen" schiebt sich in der Massenunterhaltung nach vorne. Von besonderer Eindrücklichkeit ist die Schlussszene des Films *8MM* (1999, Regie: Joel Schumacher), der in die Hölle der Snuff-Pornos führt. Als der Detektiv am Ende dem Monster namens Machine, das junge Frauen auf grausame Weise vor laufender Kamera zu Tode quält, gegenübersteht und ihn zwingt, die Maske abzunehmen, muss er erkennen, dass es sich um einen „ganz normalen" Menschen handelt – um einen dicklichen, schütterhaarigen Brillenträger (trägt er überhaupt eine Brille? – gleich hat es der Zuschauer wieder vergessen). Machine wohnt noch immer im netten Haus seiner Mutter. Der Detektiv muss erkennen, *dass es nichts zu erklären gibt.* Machine wiederum erklärt ein wenig überheblich, ein wenig auch in seiner Eitelkeit verletzt, dass nichts „hinter diesen Dingen" stecke. Und erst jene Äußerung lässt erkennen: Wir sind mit einem Wesen ohne Seele konfrontiert, von dem das Radikalböse Besitz ergriffen hat und es innerlich in etwas verwandelte, wofür wir keinen humanen Begriff haben.

Freilich bleibt ungewiss, ob wir nicht etwa einen Menschen zum Negativmythos stilisieren – und ihn dadurch dehumanisieren –, indem wir ihm bescheinigen, dem Radikalbösen, und damit der dunkelsten Form des lebendigen Totseins, zu unterliegen. Adolf Eichmann in der Beleuchtung von Hannah Arendt war weder der personifizierte Teufel noch ein hochgradig Verrückter, womit sie auf intuitive Weise Experimente bestätigte, die in den Sechzigerjahren für heftige Diskussionen sorgten. Es ging damals um die Gehorsamsbereitschaft unter Autoritätsdruck: Weltweit bekannt wurde das späterhin so genannte Milgram-Experiment, das zum ersten Mal 1961 von Stanley Milgram und seinen Mitarbeitern durchgeführt worden war (während Arendts Bericht 1963 in Buchform erschien). Soweit die eine Seite.

Auf der anderen Seite konnte man im Nachhinein, als abgesetzter und zugleich tief irritierter Beobachter, sich schwer des Eindrucks erwehren, dass es gerade die unterstellte – und von manchen Psychiatern heftig bestrittene – „Normalität" Eichmanns war, die ihn zu einem Repräsentanten des Radikalbösen werden ließ. Unter einer mythischen Begrifflichkeit betrachtet, hatte die Todesmaschinerie der Nazis kaum etwas von jenem hochaufgereckt Titanischen an sich, auf das sich Ernst Jünger als einer kosmischen Macht, einer Häutung der Gaia, bezieht. Zwar fehlt dem Titanismus, als einer *Gegenposition* zum Göttlichen, der Quellgrund des Geistes; es dominiert die geistlose Mechanik der Erdriesen. Doch in Betrachtung dieser erscheint die Abwicklung des Holocaust unter den Nazis auf eine unheimliche Weise durchherrscht von „instrumenteller Vernunft". Der Teufel ist Pedant geworden. Was sich als deutscher Geist gerierte, war bloß dessen bürokratisch-lichtlose Imitation. Dem deutschen Volk hingegen wurde suggeriert, dass alles, was geschah, aus der tiefsten Seelentiefe des Geschichtlichen aufstieg, um seinen Glanz der ganzen Welt mitzuteilen.

Die Wahrheit indessen, die der Zeitgenosse, der nicht selbst zum Heilszombie geworden war, aus dem Opaken des nazistischen Heils herausspüren musste, belief sich darauf, dass es keine Seele mehr gab, die das Ganze antrieb. Martin Heideggers späte, eher gequält anmutende Versuche, den Nationalsozialismus als den endgültigen, unüberbietbaren „Triumph des Gestells" zu begreifen, treffen die Sache nur dann – anstatt bloß hilflos zu wirken –, wenn man unter der Gestellhaftigkeit des Ganzen nicht einfach das Totalwerden des technischen Universums versteht (oder wie die üblichen antimodernistischen Nachkriegsetiketten lauteten). Technik und Seele schließen einander nicht aus, es sei denn, die Technik selbst ist, unter dem Anschein der Existenzerleichterung, zu einer Maskerade des Radikalbösen geworden und damit in den Dienst der Zerstörung des Seelischen getreten.

Hier liegt einer der Gründe, warum es unangemessen scheint, Hitler zu vermenschlichen. Er ist eine jener Weltgestalten, deren Aura gerade darin besteht, *dass sie den Triumph des seelenlosen Willens als eine bislang unbekannte Seelentiefe dem Volk offerieren.* In dieser Tiefe, die alle ins Nichts mitreißen wird, dürfen sich alle absolut geborgen fühlen. Es ist wie in manchen ekstatischen Träumen, die, indem man sie träumt, einen bereits erahnen lassen, dass es eine Zeitlang über einen Abgrund dahingeht, von dem man verschlungen werden wird. Hitler ist ein Zombie-Titan, dessen Inszenierungen wirken, als seien sie eine Übersteigerung des Lebens – eine Lebendigkeitssteigerung *hin zur Erlösung.* Das Opake des Ganzen führt die falsche Aura der begriffslosen Gnade mit sich.

Zwischen den Gräueltaten der Nazis und jenen der Gotteskrieger, die einen islamischen Staat, ein „Kalifat", buchstabengetreu errichten wollen, fällt der Vergleich nicht sonderlich schwer, stellt man ihn nur oberflächlich genug an. Faschismus hier, Faschismus dort.

Der Vergleich fällt an der Oberfläche deshalb nicht schwer, weil es sich beim Islamismus um die Bereitschaft handelt, unter freilich anderen geopolitischen, kulturellen und ethnischen Voraussetzungen mit allergrößter Brutalität dem Absolutismus eines religiösen Führers und seiner Clique zuzuarbeiten, ihn zum glorreichen Sieg zu verhelfen. Dazu wird vor nichts und niemandem, der nicht von gleicher Artung ist, haltgemacht. Die Flucht von Hunderttausenden, ja Millionen Andersgläubiger, Andersgeborener, Andersdenkender ist die einzig mögliche Schutzmaßnahme gegen einen Terror, der die abscheulichsten Grausamkeiten ins Internet stellt, nicht nur zur Demonstration göttlicher „Gerechtigkeit", sondern wegen des simplen, aus der Geschichte der Eroberungen wohlbekannten Effekts, bei den Gegnern, die allesamt todeswürdige Feinde sind, flammende Furcht und eiskalten Schrecken zu verbreiten.

Innerlich allerdings gibt es, im Unterschied zum Terror und der Vernichtungswut der Nazis, *ein tiefreligiöses Moment als Triebkraft.* Das wird zwar gerne bestritten, indem man zwischen dem Islam und dem Islamismus unterscheidet. Letzterer wäre demnach keine genuin religiöse, vielmehr eine politische Bewegung mit dem Ziel einer – im Superlativ gesprochen – Weltherrschaft. Doch Herrschaft wozu? Genügt hier, im Falle des IS-Islamismus, der Machtwille sich selbst (um mit Nietzsche zu sprechen)? Ist der islamistische Wille zur Macht sozusagen ein Selbstläufer mit Beschleunigungsdynamik? Entgegen der im Westen gerne vorgenommenen Trennung zwischen Islam und Islamismus scheint es mir offensichtlich, dass der Machtwille des islamischen Gotteskriegers mit all den Grausamkeiten, die er einschließt, seine Quelle in einer totalexklusiven und daher extrem aggressiven Interpretation des Dschihad-Gedankens hat, wie er sich im Koran und in der Sunna Mohammeds findet. Die Rechtfertigung des Heiligen Krieges ist demnach eine wurzeltief und also radikale religiöse, was nicht bedeutet, dass es jene Rechtfertigung sein muss, die dem Willen Allahs entspricht (das eben ist die innerislamische Diskussion).

Sieht man genauer hin, dann liegt einer der Ursprünge der religiösen Paranoia *in der Bedrohung des Seelischen durch das Radikalböse.* Während wir, die entsetzten Beobachter, im Völkermord der Nazis und in den Massakern des IS Verkörperungen des „Teuflischen im Menschen" zu erkennen glauben, fühlen sich jene, die wir für menschliche Teufel halten, ihrerseits vom Wirken des Teufels bedroht. Davon wird wenig geredet, man sieht es kaum. Man will es auch nicht sehen. Aber gerade darin finden sich wenig beachtete Parallelen: Sie finden sich im Horror vor der Entseelung. Der Zombieismus, verstanden als die Urangst vor einem Leben ohne Seele, dem Tod aller lebendigen Energie im Leben, reicht viel weiter als bis zum Voodoo-Schamanismus und dessen Popularisierungen in der westlichen Massenkultur.

Hitler und die Seinen waren „gottgläubig" und dabei heidnisch gestimmt, galt es doch, an die große arische Mythentradition des Nordens anzuknüpfen. Von ihr darf vergröbernd gesagt werden, dass ihr der westliche Humanismus mit seiner Feier des Individuums – ein Erbe der aristotelischen Antike und des Christentums – fremd war. Im Nazismus stieß alles Humanistische dann als jüdische Dekadenzerscheinung ab. Denn wo christlicher Humanismus war, dort hatte der Kampf gegen die Übermacht des Schicksals immer schon begonnen.

Hitlers Lieblingskomponist hatte es musikalisch vorgemacht. Dies festzuhalten, tut dem Genie Wagners keinen Abbruch. Es geht hier nicht um ideologische Aufrechnungen, sondern darum, die Physiognomie einer Stimmung, die für die Ontologie des Radikalbösen von grundlegender Bedeutung ist, herauszuarbeiten: Wagner, das war ein in vorher ungehörte Tonmassen gegossener Schicksalsrausch. Der Schicksalstragödie ist aller Individualismus, wie er dem christlichen Denken und später der Aufklärung eignete, zutiefst fremd. Der Einzelne, das „große tragische Individuum", mochte auf Erlösung hoffen oder die Verdammnis fürchten; niemals tat er es *als* Einzelner. Stets blieb der Einzelne, sogar – oder gerade – als Verfemter, ein organischer Teil der Gemeinschaft. Die Gemeinschaft war heilig. Ihre Mitglieder folgten einer vorgezeichneten Bahn des Hoffens, Verzweifelns, Triumphierens und Scheiterns. Aufstieg und Untergang blieben rückgebunden an eine lebendige kosmische Kraft, der auch noch die Götter unterworfen waren. Entsprechend war der Kosmos seelenvoll: voll von seelischer Substanz. Wo Schicksal war, da war Seele, war das Prinzip des Lebendigen aktiv, zuinnerst „tragisch" zwar, soweit es die Irdischen betraf, denn sie mussten sterben. Und selbst die Götter konnten „untergehen". So erst wurde die Schöpfung real – als ewiger Kampf.

Allen, die historisch hinreichend belehrt sind, muss klar sein, dass jene, die von den Nationalsozialisten als nachgerade kosmische Bedrohung empfunden werden, die Juden in Gestalt *des* Juden, nicht bloß Opfer im Rahmen einer rationalen Ausrottungslogistik sind. Zwar war die Konzentration der „Volkswut" auf geeignete Feinde des Vaterlandes ein Gebot der Stunde. Zugleich jedoch wird die Ausrottungsgier getragen von einer namenlosen Angst. Man will die Nester ausräuchern, in denen das Unheil brütet und aus denen das Verderben gleich einem giftigen Miasma aufsteigt. Dieser ganze psychopathologische Komplex zeigt deutlich Züge, die sich weder auf den Bürokratismus des „Teufels" noch auf die Gelüste von Schädelspaltertypen und Sadisten reduzieren lassen. Wir haben es zur gleichen Zeit mit einem verwilderten Mythotropismus zu tun, wobei man zu kurz griffe, wollte man einzig den völkisch propagierten Rassemythos bemühen.

Man braucht nur die Bilder in Hitlers *Mein Kampf* ernst zu nehmen, dann tritt uns ein Phantasma des Juden entgegen, welches sich aller möglichen biologischen Metaphern bedient. Es wimmelt von Parasiten und Blutsaugern. Diese Ekelbilder werden dämonologisch unterfüttert. Tatsächlich ist die „Judenpest" geeignet, das Wirtsvolk, das von ihr befallen wird – man stoße sich nicht an der Ungereimtheit der Bilder (die Pest wird nicht durch Parasitenfall ausgelöst etc.), das Unstimmige steigert das Gefühl der Monstrosität ins Ungeheure –, *seelisch* abzutöten. Indem der Judenjunge dem deutschen Mädchen auflauert und es schwängert, verdirbt er dessen „Blut", er macht aus ihm eine zombieartige Gebärmaschine: Was es zur Welt bringen wird, ist ein „Judenbalg", also ein seelenloses Wesen, das wiederum nur wird leben können, wenn es sich einer reinen Rassenseele bemächtigt.

Diese ganze heillose Wirrnis aus biologischen und satanischen Metaphern bedeutet letzten Endes: Es besteht die akute Gefahr des Seelenraubs durch den Teufel. Der nachfolgende Untergang des seelenlosen Volkes aufgrund des Verfalls zum kollektiven Zombie wäre unvermeidlich. Dass diese Vorgänge als eine drohende Blutsauger- und Blutverderbnisseuche dargestellt werden, darf vom dämonischen Kern der Sache nicht ablenken. In Hitlers *Mein Kampf* und in der Stürmerhetzrhetorik findet sich immer wieder das Bild des jüdischen Vampirs. Es bringt die Blutsaugersymbolik in einen direkten Zusammenhang mit dem Zombieismus, dem Seelenlosigkeitssyndrom (auch wenn der Zombie den Nazis noch kein Begriff war[19]).

Woher dann die Ausrottungswut im terroristischen Islam? Eigentlich steht es mir nicht zu, darüber zu reden; jedenfalls wäre das ein Argument. Es gibt die Kenner, Auskenner, Fachleute für derartige Terrorangelegenheiten. Doch die Erfahrung lehrt, dass die westlichen Experten bald nur noch von politischen Zielen, der Brachialpolitik der Einschüchterung, der verbrecherischen Eroberungswut und geopolitischen Bereicherungssucht reden. Es ist auffällig, wie wenig die substanziell religiösen Empfindungen *als solche* ernstgenommen werden.

Man diskutiert im Westen über die Auslegungen des Dschihad, des Kampfes gegen den inneren und äußeren Unglauben, als ob es sich dabei um eine Frage des richtigen Koranverständnisses und seiner juristischen Umsetzung handelte. Dabei wäre stets mitzubedenken, dass der islamische Terror, neben vielerlei Ursachen und Gründen, eben – wie bereits hervorgehoben – auch eine genuin religiöse Wurzel hat. Wir, die Ungläubigen, namentlich diejenigen aus dem sündigen Westen, sind aus der Sicht des Islamisten Teufel, oder sagen wir besser: das Teuflische steckt in uns, und unsere ganze Kultur ist eine Maskerade des Satans. Unsere satanischen Werke sind Legion.

Und: Ist es nicht genau das, was viele unserer eigenen Leute, namentlich moralisch aufmunitionierte Intellektuelle, seit Langem sagen? Allerdings kommen sie dabei nicht auf die Idee, ihr Gerede auch nur einen Augenblick lang ernst, das heißt, wörtlich zu nehmen. Denn sonst müssten sie alles daran setzen, diese Kultur des Teufels entweder zu fliehen oder zu zerstören. Der angemaßt rechtgläubige Terrorist, der Glaubensfanatiker des Kalifats, sieht in uns und unseren Taten hingegen den Teufel *wortwörtlich* überall am Werk. Darin liegt für uns das Besondere dieser Bedrohung, das viel tiefer reicht als der „bloß" politische Terror. Es geht nicht nur darum, Ansprüche des eigenen Volkes mit Gewalt durchzusetzen, weil sie anders nicht erreichbar scheinen. Es geht keineswegs nur um Gebietseroberungen, um die Erschließung neuer Lebensräume und die Befreiung aus der Umklammerung durch einen Stärkeren. Wenn der Islamist gegen die westlichen Teufel kämpft, dann kämpft er zugleich um seine Seele. Er kämpft im göttlichen Auftrag. Damit will er sich als *würdig* erweisen, ein lebendiges Geschöpf zu sein, und nicht bloß ein Organismus, eine „Laus" mit niederen seelischen Antrieben. Dieser Glaubenswille findet in den kindlichen Paradieses-Phantasien einen leicht verständlichen – Kampfesmut und Opferbereitschaft gebenden – Ausdruck.

Dabei ist, neben dem spirituellen Begriff des Geistes, der Seelenbegriff im Islam viel stärker als im Christentum um das menschliche „Herz" zentriert. Seele, *nafs*, und viele Abwandlungen besonders im Sufismus: Damit ist in jedem Fall eine komplexe Relation der Beziehung zu Gott gemeint. Während die niederen Seelenaffekte durchaus nicht tugendhaft zu sein brauchen, sondern als selbstsüchtig und sündhaft gedacht werden, ist die Seele im gottgefälligen Sinn des Wortes eine, die den Einzelnen mit dem ganzen Volk der Rechtgläubigen innerlich vereint. Zugleich wird das paradiesische Sein bei Gott im mystischen Sinne als ein ganz und gar individueller – oder ganz und gar entindividualisierter, weil in Allah zurückgenommener – Zustand gedacht.

Doch ich möchte mich hier nicht als Kenner der islamischen Seelenlehre produzieren. Schon ein kurzer Gang durch jene islamischen Seiten im Internet, welche von der Seele, vom Geist, vom Teufel und den Dämonen handeln, zeigt eine Bandbreite an populären, halbgelehrten und gelehrten Auffassungen, die es dem westlichen Leser schwer machen, den religiösen Kern der Sache zu finden. Worum es mir bei meiner „Arbeit am Teufel" geht, ist unser eigener Schrecken angesichts des Gefühls, unsere Glaubensfeinde würden uns, als Mitglieder einer teuflischen Kultur, für Inkarnationen des durch uns wirkenden Satanischen halten und uns *daher* vernichten wollen. Denn solche Wesen, die eine Bedrohung der Lebendigkeit darstellen, weil sie auf eine An-sich-Raffung oder Verderbnis der Seele aus sind – solche Wesen oder Unwesen sind für uns normalerweise immer die anderen! Der Teufel sind nie wir selber, höchstens vom Teufel besessen. Als Besessene sind wir die Ausnahmen, ein unfreiwilliges, sogar unschuldiges Einfallstor der Dämonenwelt – ein Opfer, das des Exorzisten bedarf; oder wir sind jemand, der schon zu Lebzeiten der Hölle überantwortet ist, weil er mit dem Teufel einen Pakt schloss. Demgegenüber die Vorstellung, dass wir *von anderen*, die sich für rechtgläubig halten und um ein gottgefälliges Leben eifern, ernsthaft für Teile eines dämonischen, seelentötenden Ganzen gehalten werden, das im Namen Gottes ausgetilgt werden muss – diese Vorstellung sollte sich uns angesichts des Wütens der islamistischen Gotteskrieger nahelegen; stattdessen tun wir so, als ob uns nichts fernerläge.

Der äußerliche Anlass unseres Schauderns sind die öffentlichen Gräueltaten, die unter dem Geschrei *allahu akbar*, „Gott ist groß", verübt werden. In diesem Schlachtruf steckt weithin hörbar die Anmutung, es werde gegen die westlichen Teufel gekämpft. Wir weisen sie empört zurück: Terrorpropaganda! Doch sind wir uns im Innersten dessen sicher, dass unsere westliche, lustfixierte, dekadente, vor fast keiner Perversion mehr zurückschreckende kapitalistische Welt, die den Mammon und die Sünde anbetet, nicht längst wieder in das Stadium von Sodom und Gomorrha eingetreten ist – jener biblischen Orte der Sünde, die bereits einmal von Gott ausgerottet wurden?

Wir sehen im Blick, im Schweigen, in der schweigenden Verachtung des gläubigen Moslems, dass er unseren Umgang mit Frauen, Sex und Drogen als den Inbegriff des Sündhaften verabscheut. Und wir sind uns im Innersten ganz und gar nicht sicher, ob uns dieser Blick, dieses Schweigen, diese uns keines Wortes würdigende Verachtung nicht einen Teil unserer Wahrheit widerspiegelt. Wir sind uns nicht sicher, auch wenn wir uns nach außen hin starkmachen, indem wir davon reden, dass wir stolz sind auf die Errungenschaften der Aufklärung und der damit verbundenen Freisetzung einer Liberalität, die erst unsere egalitäre Form des Individualismus und Glücksstrebens ermöglichte.

Wir sind uns ganz und gar nicht sicher.

Tatsächlich fühlen wir, die Aufgeklärten, uns keineswegs als Helfershelfer des Teufels, als welche uns die radikalen Islamisten wahrnehmen und hassen, wenn sie den totalen Glaubenskrieg fordern. Aber wie der riesige, im Westen weltweite Erfolg des Zombiesyn-

droms zeigt, leidet unsere eigene Kultur an einem Unterstrom an
Leblosigkeitserfahrungen, für die wir mittlerweile verschiedenste
„Therapien" und allerlei Lebendigkeitsrituale ausgebildet haben.
Auch versuchen wir den Zombieismus selbst als Teil unserer Lebendig-
keitsindustrie zu verstehen. Wir betrachten ihn als Massenunterhaltung, als ein Amüsement, so ähnlich, wie die nächtlichen Blutsauger
in Roman Polanskis *Tanz der Vampire* einen Ball veranstalten, um
sich dabei zu amüsieren, dass die Spiegel, an denen sie vorbeitanzen,
kein Spiegelbild zeigen.

Wie gut oder schlecht dieser Vergleich sein mag, er ist vielleicht
geeignet, ein Grundthema unserer Angst vor dem radikalen Islam,
der uns mit seinem Glaubensterror bedroht, anklingen zu lassen. Dieses Thema mag in verschiedener Weise formuliert werden, mehr
„progressiv" oder mehr „reaktionär", es ist *da*, als ein Existenzthema,
über das gerne hinweggeschwiegen und hinweggeredet wird: Wir
empfinden unsere eigene Kultur als kraftlos *und* verkommen. Wir
sind blasse Spätlinge des christlichen Humanismus, was bedeutet,
dass wir zwar unser christliches Erbe nach wie vor als Verpflichtung
tradieren, sofern es darum geht, sich dem notleidenden anderen gegenüber „menschlich" zu verhalten; ferner, dass wir es als unsere
weltgeschichtliche Stärke empfinden, unter dem Dach eines aufgeklärten Liberalismus Rechtsstaatlichkeit, Grund- und Menschen-
rechte, den „freien Markt" und Wohlstandsorientierung als Grund-
pfeiler unseres Miteinanders anzuerkennen.

Zugleich aber bedeutet es auch, dass wir in einer Kultur leben, die,
außer abstrakter Prinzipienorientierung, keine kollektive Identität
mehr zu konservieren oder hervorzubringen vermag. Weder unsere
Herkunft noch unsere Geschichte noch unser Glaube sind uns weiterhin Verpflichtung. Unsere Postmoderne ist eine Art *fahler Ge-
schichtslähmung* – Folge der letzten Schicksalsräusche –, zusammen
mit der damit verbundenen „Offenheit", die keinen Sinnhorizont
kennt.[20] Deshalb wohl empfinden wir unsere Laster und Verbrechen,
deren es genug gibt, nicht auch als Ausdruck unserer kulturellen Vi-
talität. Dem Islamismus haben wir alles Mögliche entgegenzusetzen,
bis hin zur Stärke unserer Waffen (der *ultima ratio* unserer Rationalität) – aber keine eigene Seele mehr. Das war bereits die Botschaft
Oswald Spenglers, als er, im Rahmen seiner „Umrisse einer Mor-
phologie der Weltgeschichte", den *Untergang des Abendlandes* (1918,
1922) diagnostizierte.

Irgendwo im Vollzug des westlichen Zivilisationsprozesses haben
wir unsere Seele möglicherweise dem angeblichen Fortschritt geop-

fert. Wir sind uns, nach einer langen Zeit interner Zivilisationskritik, einer unerbittlich-grundlegenden Kritik an unserer eigenen westlichen Lebensart und ihrer vampirischen Kultur, ganz und gar nicht mehr sicher. Haben wir, die gleichermaßen hedonistisch Beflissenen wie faustisch Ermüdeten, etwa als „Fortschritt" charakterisiert, was wir richtiger „Höllensturz" hätten nennen sollen?

7.

DAS BÖSE HERZ

Wer über das Radikalböse spricht, spricht nicht einfach über das Böse. Er spricht über etwas, wofür in der Geschichte des Mythos der
Teufel steht. Es ist hier nicht meine Absicht, eine gelehrte Abhand-
lung, eine Geschichte des Teufels zu schreiben. Die ist längst, in
mehrfacher Ausfertigung, geschrieben worden. Deshalb muss ich
mich auch nicht damit beschäftigen, in welcher Weise das Teuflische
im Laufe der Zeiten Aussehen und Funktion ändern konnte. Ich
brauche nicht von der Schlange zu reden, nicht von den bösen Engeln, nicht vom Satan als einem Mitglied der Ratsversammlung vor
Gottes Thron, nicht über die Heerscharen der Unterteufel und Dämonen, welche die Teufelsrotte bilden. Das alles darf ich hier beisei-
telassen, auch wenn ich es bleiläufig und episodisch ins Auge fasse.

Worüber aber fernerhin zu handeln sein wird, ist die Beziehung
zwischen dem Radikalbösen und dem Bösen. Es ist klar, dass hier ein
innerer Zusammenhang besteht. Doch welcher? Ich habe schon darauf hingedeutet: Dem Teufel geht es darum, die Seele des Menschen
zu verderben, sie zu zerstören, und wirklich böse Taten sind geeignet,
die Bereitschaft zu fördern, dem Teufel zu verfallen und seinen diabolischen Wünschen zu willfahren. So hat es der Mythos zu allen Zeiten gesehen, einmal abgesehen davon, dass das Schicksal der Seele, die
sich dem Teufel ergeben, womöglich mit ihm einen Pakt geschlos-
sen hatte, unterschiedlich gedacht wurde. Die Hölle oder sonst ein
Platz der Abbüßung war das Normale. Als dann, im Späthumanis-
mus, die Hölle leer zu stehen begann – schon Fausts „Unsterbliches"
wird ja bekanntlich gerettet –, musste auch die Seele neu bedacht
werden.

Wir kennen die Geschichte: Die Seele, die bereits im Innersten mit
dem Keim des Bösen infiziert ist, fügt sich bestens ein in die christliche Lehre von der Erbsünde. Doch mit dem Verlust der Hölle wird
das Drama der Erbsünde blass; es hat einen Anfang aber kein logi-
sches Ende. Das lässt auch den Anfang als unwahrhaftig erscheinen.
Und so wird aus dem Keim des Bösen das „sogenannte Böse"; das
Böse wird naturalisiert, ein Teil der Evolution. Von hier aus beginnt
dann das Spiel der Umbesetzungen: Die Seele wird blass und blässer,
ihre Verderbnis wird zu einem Spektakel der Psychologie. Dies wie-

derum hat zur Folge, dass sich auch der Teufel schwer tut, sein Existenzrecht glaubhaft einfordern zu können.

In Kants *Religion innerhalb der Grenzen der bloßen Vernunft* aus dem Jahre 1793 findet sich als *Erstes Stück*: „Von der Einwohnung des bösen Princips neben dem guten: oder über das radicale Böse in der menschlichen Natur". Diese einleitenden Bemerkungen haben Kant-Interpreten stets beflügelt. Die einen attestierten dem Denkmeister der Aufklärung erstaunliche Tiefsicht, die anderen sahen gerade in Kants Ausführungen zur Existenz des Radikalbösen eine Anbiederung an die christliche Erbsündenlehre. Folgender Auszug trifft den Kern der Sache:

> Da dieser Hang [d. h. der Hang, als oberste Richtschnur des Handelns bisweilen eine böse Maxime zu wählen] nun selbst als moralisch böse, mithin nicht als Naturanlage, sondern als etwas, was dem Menschen zugerechnet werden kann, betrachtet werden, folglich in gesetzwidrigen Maximen der Willkür bestehen muß; diese aber der Freiheit wegen für sich als zufällig angesehen werden müssen, welches mit der Allgemeinheit dieses Bösen sich wiederum nicht zusammenreimen will, wenn nicht der subjective oberste Grund aller Maximen mit der Menschheit selbst, es sei wodurch es wolle, verwebt und darin gleichsam gewurzelt ist: so werden wir diesen einen natürlichen Hang zum Bösen, und da er doch immer selbstverschuldet sein muß, ihn selbst ein *radicales*, angebornes[21], (nichts destoweniger aber uns von uns selbst zugezogenes) *Böse* in der menschlichen Natur nennen können.[22]

Was uns Kant in dieser seiner Satzkaskade mitteilen möchte, wird er auf den nächsten Seiten „unbegreiflich" nennen: die menschliche „*Verkehrtheit* des Herzens, welches nun der Folge wegen auch ein *böses Herz* heißt"[23] – für diese Verkehrtheit „ist also kein begreiflicher Grund da, woher das moralische Böse in uns zuerst gekommen sein könne".[24]

Um das Problem Kants zu verstehen, muss man zuerst eine der zentralen Prämissen seiner Pflichtethik im Auge behalten. Diese Prämisse besagt, dass der menschlichen Vernunft ein kategorischer Imperativ „eingeboren" sei: *der* Kategorische Imperativ. Dieser Imperativ, das oberste Prinzip aller Moral, wurde von Kant in verschiedener Weise formuliert. In seiner wichtigsten Ausformung besagt er, dass sich jede Regel meines Handelns, jede meiner „Maximen", zu einem allgemeinen Moralgesetz verallgemeinern lassen muss. Dafür verwendet Kant die Formel: Man müsse *wollen können*, dass die jeweilige Maxime des eigenen Handelns zu einem allgemeinen moralischen Gesetz werde.

In Kants Begründungsmodell sind also zwei Aspekte gleichermaßen wichtig. Der eine Aspekt betrifft die Universalität moralischer Gesetze. Diese gelten ausnahmslos für jedes mit Vernunft begabte menschliche Individuum. Der zweite Aspekt besteht darin, dass das moralisch Gute durch die Vernunft vollständig bestimmt ist, weil jede Maxime, die nicht dem moralisch Guten entspricht – also ihrem Wesen nach böse ist –, sich bei dem Versuch, sie zu einem moralischen Gesetz zu verallgemeinern, durch einen „Widerspruch" erkennen lässt. Einem Widerspruch kann indessen kein vernunftbegabtes Wesen zustimmen, weder im Theoretischen noch im Praktischen.

Kants eigene Beispiele für die Existenz einer praktischen Vernunft sind kaum zufriedenstellend. Sicher, die Maxime, gegebene Versprechen nicht zu halten, falls ich daraus einen Vorteil ziehe, kann ich nicht verallgemeinern, ohne mich in einen Widerspruch zu verwickeln. Denn der Begriff des Versprechens schließt ein, dass das, was versprochen wird, auch gehalten werden soll. Daher wäre ein allgemeines Gesetz der Art, man brauche seine Versprechen für den Fall der Optimierung des Eigennutzens nicht zu halten, in sich widersprüchlich: Man brauchte nicht zu halten, was man seiner Bedeutung nach doch halten soll, nämlich das gegebene Versprechen!

Ein weiteres Beispiel Kants überzeugt noch weniger. Demnach könnte ich nicht ohne Widerspruch zur Maxime meines Handelns machen wollen, mir mein Leben zu nehmen, wenn es mir nur Leid, aber kein Glück mehr verspreche. Denn indem ich dies tue, müsste ich eine allgemeine Regel voraussetzen, worin das, was doch der Beförderung meines Lebens dienen soll – mein Lebenstrieb –, gegen seinen innersten Sinn dazu verwendet wird, mein Leben zu beenden. Hier, so ist Kant entgegenzuhalten, wird leicht erkennbar mit Worten gespielt. Kants „Lebenstrieb" wird vom Selbstmörder dazu verwendet, sein eigenes Leben zu vernichten, statt es zu erhalten und zu befördern – aber warum der Todeswunsch, ja die Todesentschlossenheit gerade dem Wirken des Lebenstriebs zuzuschreiben wäre, bleibt schleierhaft. Von einem Widerspruch, noch dazu einem logischen, kann also keine Rede sein.

Vollends unplausibel mutet – um ein drittes, vieldiskutiertes Beispiel zu nennen – Kants absolutes Verbot der Lüge an, wie er es in seiner Schrift über ein *Vermeintes Recht aus Menschenliebe zu lügen* (1797) darstellt.[25] Warum kann man nicht wollen, dass die Erlaubnis zur Notlüge, die praktiziert wird, um größeres Unheil zu vermeiden, ein allgemeines Gesetz werde? Weil man, so Kant, sich dadurch in einen Widerspruch gegen die unbedingte *Pflicht zur Wahrhaftigkeit* begebe. Die Wahrhaftigkeit nämlich sei die Basis, die „Rechtsquelle" aller Moral. Das mag sein. Doch der angebliche Widerspruch, mit dem Kant zu belegen versucht, dass niemand jemals ein Verbot der Lüge, das die Erlaubnis zur Notlüge einschließt, *wollen könne* – dieser Widerspruch ist herbeigeredet. Unwahrhaftigkeit kann sogar eine Pflicht sein, beispielsweise dann, wenn es gilt, den Mordlustigen in die Irre zu schicken, um sein potenzielles Opfer zu schützen.

Was ich – ohne den geringsten Anspruch auf Originalität – zeigen möchte, ist die Schwierigkeit, ein allgemeines Konzept praktischer Vernunft plausibel zu machen. Tatsächlich zieht sich Kant auf die Behauptung zurück, alle unmoralischen Gesetze seien unvernünftig, weil in ihnen ein Widerspruch enthalten sei und man sie daher, als vernünftiges Subjekt, nicht wollen könne. Dieser Ansatz ist viel zu eng. Dabei spräche nichts dagegen, einen breiteren Ansatz der praktischen Vernunft zu wählen, etwa unter Rückgriff auf *grundlegende Intuitionen*, von denen wir annehmen dürfen, dass sie von allen Menschen, die weder religiös noch ideologisch indoktriniert sind, geteilt werden. Wer wollte nicht lieber respektvoll statt respektlos behandelt werden, gerecht statt ungerecht? Wer wollte nicht lieber ein sinnerfülltes, autonomes Leben führen als ein ihm aufgezwungenes, das er als wertlos empfindet? Wer wollte sich nicht lieber wohlbefinden als elend? Derlei Fragen sind eigentlich rhetorisch.

Räumen wir ein, dass die Idee der praktischen Vernunft über Kants scheinlogisches Kriterium des Wollen-Könnens hinausreicht und trotzdem nicht ins Leere läuft, sondern Substanz hat, dann stellt sich freilich immer noch die Frage: Was bedeutet es, wenn behauptet wird, die moralischen Prinzipien, als konstitutive Elemente der praktischen Vernunft, seien uns „eingeboren"? Denn eingeboren müssen sie sein, damit Kants Behauptung, der Mensch habe *von Natur aus* einen Willen zum Guten, überhaupt erst Sinn macht.

„Eingeboren" darf jedenfalls nicht gleichbedeutend sein mit „angeboren", wenn die Tatsache des Angeborenseins bedeuten würde, dass im Laufe der Evolution gewisse überlebensdienliche Verhaltenstendenzen genetisch abgespeichert wurden – Tendenzen, die, auf die bewusste sprachliche Ebene gehoben, dann als Regeln erscheinen, welche in allgemeinmenschlichen „Neigungen" ihre Begründung finden. Denn solche Regeln hätten noch gar keine moralische Qualifikation, sie wären einfach der Reflex eines erfolgreichen Programms im Rahmen des *survival of the fittest*. Moral hingegen – dem würde Kant ohne Weiteres zustimmen – ist eine Unternehmung, die sich nicht einfach dem eigensüchtigen, ungerechten, ja mörderischen Recht des Stärkeren beugt. Im Gegenteil.

Kant verankert den Kategorischen Imperativ daher in der Vernunft, die für den Ethiker nicht einfach eine Summe evolutionär erworbener Fähigkeiten umschreibt, welche ein legitimer Gegenstand anthropologischer, genetischer, psychologischer Forschung sind. Als solche wären sie zwar kausal wirksam, aber hätten keinerlei *normative* Kraft. Die grundlegenden Kategorien und Prinzipien der Vernunft, zumal der praktischen, sind bei Kant – wie er sich ausdrückt – „transzendental". Ihnen liegt ein „transzendentales Subjekt" zugrunde, der Grund des „Ich denke, das alle meine Vorstellungen muss begleiten können".

Man braucht diese Konstruktion nicht zu billigen, um zu verstehen, worauf sie im Ethischen hinauswill. Jene moralischen Intuitionen, die uns „eingeboren" sind – bei Kant unter der Gültigkeitsbedingung des Kategorischen Imperativs –, haben einen transempirischen und insofern *übernatürlichen* Status. Weder durch die eigensüchtigen Neigungen des Menschen noch durch die Faktizität der Weltverhältnisse, mögen diese auch beschränkt und böse sein, wird unser *gutes Herz* – bei Kant die innere, nach außen drängende Bewegtheit nach Maßgabe der praktischen Vernunft – außer Kraft gesetzt. Unsere Menschennatur reicht demnach tiefer als die wissenschaftlich erforschbare Natur im Allgemeinen. In diesem transzendentalphilosophischen Sinne ist es uns natürlich, das Gute zu wollen, das heißt, es zum Inhalt unserer Maximen zu machen.

Und nun glaubt aber Kant feststellen zu müssen, dass wir nicht immer das Gute wollen, sondern auch das Böse *wollen können*. Daher können wir *de facto* auch das Böse ohne Gewissensbisse tun, indem wir es zum Inhalt unserer Maximen, der Richtlinien unseres Handelns machen. Wie ist das möglich? Kant sieht sich als Realist, der die menschliche Seele zu kennen glaubt, veranlasst, unter dem, was uns „eingeboren" ist, auch das *böse Herz* zu postulieren. Er meint damit einen „übernatürlichen" – transzendentalen – Hang zum Bösen. Nur auf diese Weise scheint ihm das Unbegreifliche begreiflich, nämlich, warum sich der menschliche Wille nicht stets vom Kategorischen Imperativ, von den grundlegenden Intuitionen des Guten, bestimmen lässt. Es muss, so die Spekulation, noch eine andere Kraft im Spiel sein, und diese Kraft nennt Kant folgenreich das „radical Böse".

Dass an dieser Stelle in begrifflich kaum verschleierter Form vom Teufel oder dem Teuflischen die Rede ist, fiel bereits den ersten Lesern auf, nicht zuletzt Goethe. Erbost schrieb der Dichterfürst an Herder, Kant habe „seinen philosophischen Mantel, nachdem der ein langes Menschenleben gebraucht hat, ihn vor mancherlei sudelhaften Vorurtheilen zu reinigen, freventlich [...] beschlabbert, damit doch auch Christenmenschen herbeigelockt werden, den Saum zu küssen"[26]. Kant, so hieß es, biedere sich dem religiösen Zensor an, indem er die heilsgeschichtliche Gefallenheit aller Nachkommen Adams unterstelle und damit die christliche Erbsündenlehre philosophisch adle – obwohl Kant selbst davon sprach, dass die Existenz des Radikalbösen *unbegreiflich* sei.

Diese Unbegreiflichkeit ist nicht einfach die des Mysteriums; unbegreiflich ist die Existenz des „radical Bösen" vor allem unter den ethischen Prämissen, die Kant selbst verficht. Es steht zum System der aufgeklärten Vernunftethik quer, lässt sich dort nicht unterbringen. Der von Kant vielfach strapazierte Begriff „Achtung" – jener Achtung, die wir einander wechselseitig schuldig seien – hängt ja unablöslich an der Vorstellung, Aufklärung sei „der Ausgang des Menschen aus seiner selbstverschuldeten Unmündigkeit". Und selbstverschuldet unmündig kann im Systemaufbau das moralische Denken, Fühlen und Handeln nur sein, weil der menschlichen Natur eine Vernunft inhäriert – oder besser: präsidiert –, die es gestattet, das Gute zu erkennen, sodass wir in die Lage versetzt werden, unseren Willen, welcher unter dem Primat der Vernunft steht, dementsprechend am Guten auszurichten.

Da erscheint es dann, ärgerlicherweise, als eine klügelnde Notkonstruktion, wenn plötzlich ein der Vernunft gleichsam *souverän gegenüberstehender* böser Wille – oder ein „böses Herz" – ins Spiel kommt. Denn hier geht es (um diesen Punkt noch einmal zu betonen) nicht um das Faktum des empirisch feststellbaren, weil psychologischen Eigennutzes, sondern um eine ursprünglich normative Macht über den Menschen, eben das Radikalböse.

Kant war Realist genug, um zu erkennen, dass die Welt über weiteste Strecken und in ungeheuerlichem Ausmaße vom Bösen beherrscht wird. Es ging nicht darum, dass die Menschen dann und wann, aus Eigennutz, eine unmoralische Handlung setzen, obwohl ihnen per Vernunftdekret bewusst sein sollte, worin das gute Handeln läge. Auch war Kant doch wohl bewusst, dass die „selbstverschuldete Unmündigkeit" für die meisten der „Unmündigen" nichts war, wofür man sie hätte verantwortlich machen können. Massive Unbildung sowie brutale religiöse und staatliche Gewaltandrohung waren die Primärursachen von Aberglaube, Wissensangst und moralisch zweifelhaften bis skandalösen Gebräuchen. Hinter all dem musste nicht das Wirken eines bösen Herzens vermutet werden.

Das Radikalböse war demgegenüber, nach Kants eigenen Worten, dadurch charakterisiert, dass in ihm eine *Primärlust*, das Böse zu tun, zum Ausdruck kam, obwohl der gute Wille aufrecht und durch die Vernunft geleitet war. Kants Urteil: Unbegreiflich! An diesem Punkt hat man mehrere Möglichkeiten, Licht ins Dunkel zu bringen (wenn diese Redeweise hier überhaupt statthaft ist):

(a) Man kann das böse Herz „naturalisieren". Dadurch entsteht aus dem Radikalbösen eine Funktion des Überlebenskampfes. Aus dem Radikalbösen wird dann das *sogenannte* Radikalböse, welches damit – wie wir bereits wissen – keine genuin normative Kategorie mehr bildet und sich folglich dem authentischen Moralbereich entzieht.

(b) Man kann aber auch Kant selbst unter Mythologie-Verdacht stellen. Dann würden die Begriffe des bösen Herzens und des Radikalbösen eine verschleppte religiöse Sicht der Dinge transportieren. Sie wären an die Stelle des Teufels und des Erbsündigen im Menschen getreten – lauter Motive, denen Kant selbst polemisierend gegenüberstand.

(c) Die dritte Möglichkeit, mit dem Radikalbösen umzugehen, ist jene, welche die westliche Ethik des 20. Jahrhunderts am ehesten ergriff. Ihre These: Trotz der Maximalrhetorik rund um den Holocaust kommt dem Begriff des Radikalbösen keine aufhellbare analytische Bedeutung zu. Demnach gibt es zwar Abstufungen des Bösen: einerseits, was die darunter fallenden Taten betrifft, andererseits, was die Art der Motivation zu solchen Taten angeht. Nazi-KZs und Serienkiller werden gerne als Musterbeispiele des Extremen genannt. Doch immer handelt es sich dabei, vom Standpunkt des Säkularmoralisten aus, um menschliche Taten und nicht etwa um die Taten von Individuen, die zwar nach außen hin die Physiognomie des Menschen tragen, aber *im Wesen* keine Menschen mehr sind – sondern Monster in einem metaphysischen Sinn.

***

Das Monster im – möchte man sagen – gewöhnlichen Sinne wird zunächst ohne sonderliche metaphysische Implikationen charakterisiert. Traditionell ist es kein richtiger Homo sapiens, sondern rangiert eine Stufe tiefer. Deshalb sinkt es jedoch nicht zu reiner – „unschuldiger" – Animalität ab. Das Monster ist vielmehr ein *Untermensch*

oder, um es mit Cesare Lombroso zu sagen: Der Untermensch ist ein
– wir erwähnten es – Homo Delinquens; dieser repräsentiert, dem
darwinistischen Geist der Zeit entsprechend, eine echte biologische
Varietät.

Kant wurde bezichtigt, sich an die Christenmenschen anzubiedern,
deren abergläubische Fraktionen er ansonsten durchaus mit herben,
ja derben Worten zu bedenken pflegte. Wie sonst hätte er vom „bösen Herzen" und dessen Unbegreiflichkeit sprechen können? Es ist
deshalb mehr als bloß eine ideengeschichtliche Exkursion, die *Meta-
morphose des bösen Herzens* zu verfolgen, über die Zeiten hinweg und
durchaus im Ideenkontext aufgeklärter Geister.

Cesare Lombroso, umtriebiger Arzt, Psychiater und Anthropologe,
begründete im letzten Drittel des 19. Jahrhunderts die Positive
Schule der Kriminologie. Damit wollte er die Wissenschaftlichkeit,
genauer noch, Naturwissenschaftlichkeit seines Unterfangens heraus-
streichen. „Positive Schule" – das stand für mehreres, was auch von
kriminalpolitisch explosiver Bedeutung war. Vor allem war Lombroso
kein Freund des traditionellen Strafrechts und der Strafknechtschaft.
Diese Aversion hatte tiefreichende Gründe, die ins Artgeschichtliche
und Metaphysische, bis tief hinein in die Vorstellung vom Wesen des
Menschen als eines Teils der lebenden Natur reichten.

Seinen Standpunkt begründete Lombroso mit einem zu seiner Zeit
weitverbreiteten Credo unter den Wissenschaftsgläubigen. Demnach
war die bisherige Lehre von der Strafgerechtigkeit irrational, weil sie
die Freiheit des Willens voraussetzte, durch die sich wiederum das
Vergeltungsdenken in all seinen archaischen Manifestationen zu legi-
timieren vermochte. Noch die grausamsten Körperstrafen, brutals-
ten Wegsperrungen und den alle Gesundheit gründlich zerstörenden
Arbeitszwang rechtfertigte das Establishment der Kriminologie damit,
dass der Täter zur Zeit der Tat ja auch hätte anders handeln können.
Seiner Rechtstreue stand nichts im Wege, sein böser Wille war Willkür. Lombroso hingegen, unter dem Einfluss des Naturalismus und
gewisser, ganz und gar nicht unproblematischer Ideen des Darwinismus stehend, war ein harter Determinist. Was geschah, geschah nach
strikten Naturgesetzen, die auch für den psychischen Bereich Gültig-
keit hatten.

Die Theorie, die Lombroso durch Herbeischaffung einer Fülle an
empirischem Material zu beweisen suchte, lautete im Kern, dass gewissen Gruppen von Menschen das naturhafte Schicksal auferlegt sei,
„Verbrecher" zu werden – jedenfalls unter ungünstigen Lebensbedingungen, die dann allerdings, Lombrosos Theorie zufolge, niemals die

Hauptursache für die „Neigung zum Verbrechen" waren. Der Begriff des geborenen Verbrechers, den die Positive Schule der Kriminologie bemüht, umfasst Personen, die sich immer wieder irgendwelcher Straftaten schuldig machen und deren Lebenslauf einer kriminellen „Karriere" gleicht. Dabei stehen am Ende solcher Karrieren des Bösen häufig Kapitaldelikte wie Vergewaltigung, Raub und Mord; sie stehen sozusagen an der Tagesordnung. Es mag mit dem Quälen von Tieren beginnen und bei einer sadistischen Abschlachtung enden, die aus purer Lust zelebriert wird.

Typische Gewohnheitsverbrecher sind daher in aller Regel zugleich geborene Verbrecher, die schon durch die ihnen angeborene Natur zum antisozialen Verhalten determiniert sind. Hinzu treten bei Lombroso nun, als typische Figuren aus dem Arsenal des geborenen Verbrechertums, gewissenlos veranlagte Frauen, „Dirnen", die sich gewerbsmäßig prostituieren, und zwar keineswegs immer aus Überlebensnot, sondern aus einer pervertierten Lust am Gelderwerb.[27] In die Klasse des Homo Delinquens gehören aber auch viele politisch motivierte Gewalttäter, namentlich „Anarchisten", die nicht zögern, zur Verfolgung ihrer Ziele Bomben zu legen und massenhaft unschuldige Menschen hinzumetzeln.[28] Wie groß die äußerlichen Unterschiede dieser Menagerien des Grauens sein mögen, es gibt bestimmte Merkmale, die alle von Geburt an „in sich" tragen, um sie unter „günstigen" Bedingungen schließlich auszuagieren.

Nimmt man diese Merkmale zusammen, dann folgt laut Lombroso und seiner Schule, dass wir es unter uns Zivilisierten mit einer biologisch definierten Klasse von „Untermenschen" zu tun haben. Deren wichtigste psychologische Eigenheiten sind ein weitgehend fehlendes Gewissen, niedere Intelligenz, pathologische Toleranz gegenüber Schmerzen und die Lust an der Gewalt um ihrer selbst willen. Hinzu tritt eine Fülle anatomischer und physiologischer Eigenheiten, vom Auftreten einer „mittleren Hinterhauptsgrube" bis zu den deformierten Ohren, die dem einigermaßen normalen, rechtstreuen Bürger fehlen. Innen wie außen ähneln diese Geschöpfe mehr gewissen Arten wilder Tiere, bis zu solchen primitiven Arten, die bereits ausgestorben sind oder ausgerottet wurden, um der Zivilisation Platz zu machen.

Was die „mittlere Hinterhauptsgrube" betrifft, so will sie Lombroso an der Innenseite des Schädelknochens eines gewissen Giuseppe Villella entdeckt haben. Dieser war ein berüchtigter „Räuber" aus Catanzaro in Kalabrien gewesen. Jenes einzigartige anatomische Detail, das sich sonst angeblich nur noch bei den „Halbaffen", den Lemuren, finden ließ, lieferte Lombroso den endgültigen Beweis für die Existenz des Homo Delinquens. Unklar bleibt, ob diese Eigenart des Schädelknochens auch noch bei anderen Berühmtheiten des Verbrechens aus der Vergangenheit nachgewiesen werden konnte.

Lombroso jedenfalls, ermutigt durch seine sensationelle Entdeckung, verfolgt die Anlage zum Verbrechen bis hinein in die Botanik. Er redet gelegentlich von den „Massenmorden", welche die fleischfressenden Pflanzen als ihre Überlebensstrategie praktizieren. Das Auftauchen atavistischer Merkmale beim Menschen nennt er hingegen eine „Rückschlagsbildung". Er sieht darin nämlich ein Wiederauftreten „untermenschlicher" Züge, von denen man irrtümlich meinen mochte, sie seien bereits aus dem genetischen Fundus, dem „Keimplasma" verschwunden. Und dabei erwecken alle diese Aussagen des Kriminologen den strikten Anschein, vollkommen wertfrei, nur auf der Basis objektiv vorgefundener Fakten getätigt zu werden.

Daraus folgt: Die Frage des Monsters dürfte sich erst gar nicht stellen, weil dieser Begriff – „Monster" – der wissenschaftlichen Theorie inkommensurabel ist. Er lässt sich mit den empirischen Begriffen der Biologie und Psychologie nicht rekonstruieren. Aber Lombrosos Begrifflichkeit, die gerade im biologischen Denken über den kriminellen Menschen Furore machen wird, ist durch und durch – man könnte sagen – vom Abscheu des Beobachters gesättigt.

Freilich, man liegt mit dieser Diagnose nur teilweise richtig, denn sie setzt ein spontanes Sentiment, Ressentiment, gegenüber den Phänomenen des Rohen und Brutalen, des Bestialischen voraus, wobei es sich um die Abstoßungsreaktion eines *kultivierten* Blicks handelt. Es sind aber keine kultivierten Kriminologen, die Lombrosos Programm übernehmen und ausgestalten werden. Es sind vielmehr die Schädelspaltertypen und Paranoiker aller Couleurs, namentlich die Nazis mit ihrer massenmörderischen *Stürmer*-Mentalität, welche die physiognomischen Charakteristika des Monstermenschen „perfektionieren", und zwar unter den pseudoterminologischen Anmutungen der sogenannten Rassenwissenschaft.

Das ist indessen keine Entwicklung, die dem Diskurs der Positiven Schule der Kriminologie, die lange vor den faschistischen Rassenbiologen reüssierte, bloß von außen begrifflich aufgepfropft worden wäre. Schon einzelne Züge des geborenen Verbrechers wirken bei Lombroso abstoßend genug, man denke an das blutunterlaufene Auge, die Schmerzunempfindlichkeit am Skrotum oder die sadistische Lust, anderen Qualen zuzufügen. Eine Schilderung der äußerlichen Merkmale des Verbrechermenschen nach Lombroso, die zur Schärfung des diagnostischen Blicks dienen sollte, lässt keinen Zweifel, dass hier aus Menschen Monster gemacht werden:

„Die *Diebe* haben im Allgemeinen sehr bewegliche Gesichtszüge und Hände; ihr Auge ist klein, unruhig, oft schielend; die Brauen gefältelt und stoßen zusammen; die Nase ist krumm oder stumpf, der Bart spärlich, das Haar seltener dicht, die Stirn fast immer klein und fliehend, das Ohr oft henkelförmig abstehend."

„Die *Stupratoren* [Vergewaltiger] haben fast immer ein funkelndes Auge, feines Gesicht, schwellende Lippen und Brauen, aber einen starken Unterkiefer. Meist sind sie grazil gebaut, bisweilen jedoch buckelig."

„Die *Mörder* haben einen glasigen, eisigen, starren Blick, ihr Auge ist bisweilen blutunterlaufen. Die Nase ist groß, oft eine Adler- oder vielmehr Habichtsnase; die Kiefer starkknochig, die Ohren lang, die Wangen breit, die Haare gekräuselt, voll und dunkel, der Bart oft spärlich; die Lippen dünn, die Eckzähne groß. Nystagmus [Augenzittern] ist häufig, auch einseitiges Gesichtszucken, wobei sie die Eckzähne zeigen, gleichsam grinsend oder drohend."

„Im Allgemeinen sind bei Verbrechern von Geburt die *Ohren* henkelförmig, das Haupthaar voll, der Bart spärlich, die Stirnhöhle gewölbt, die Kinnlade enorm, das Kinn viereckig oder vorragend, die Backenknochen breit, – kurz ein mongolischer und bisweilen negerähnlicher Typ vorhanden."[29]

In den voranstehenden Passagen wird ausschließlich durch die Zuschreibung von Merkmalen aus dem körperlichen Bereich eine Sammlung monströser Gestalten konstruiert, deren Zusammenschau ähnlich funktioniert wie Hitlers „Einsicht", die ihn, seinen eigenen Worten zufolge, „vom schwächlichen Weltbürger zum fanatischen Antisemiten" werden ließ: „Wo immer ich ging, sah ich nun Juden, und je mehr ich sah, umso schärfer sonderten sie sich für das Auge von den anderen Menschen ab."[30] Obwohl es angeblich Lombrosos Anliegen war, seine Beschreibungsmaschinerie des geborenen Verbrechers von allen unwissenschaftlichen Bewertungen freizuhalten, springt dem heutigen Leser nicht nur die Lächerlichkeit des physiognomischen Pandämoniums ins Auge, sondern eben auch dies: Es *ist* ein Pandämonium, dessen Figuren wie Hitlers Jude vor allem eines verkörpern – von den *anderen*, den normalen Menschen, „Abgesonderte".

In dieser Art von Absonderung liegt etwas Besonderes, das mich seinerzeit veranlasste, von der Gestalt des *Bös-Kranken* zu sprechen, obwohl dieser Ausdruck die anstehende, ins Dämonische changierende Sache nicht genau trifft (eine Krankheit im strikt medizinischen Sinne liegt ja nicht vor, obwohl man später, aus humanitären Gründen, immer wieder forderte, der psychopathisch veranlagte Kriminelle dürfe nicht bestraft, er müsse vielmehr „geheilt" werden). Mit der Prägung „bös-krank" wollte ich eine Eigentümlichkeit in der kriminologischen Wahrnehmung des vorgeblichen Homo Delinquens ansprechen, die Lombroso enthusiastisch in Worte kleidete (auf die schrecklichen Entgleisungen der Nazi-Mediziner in Betrachtung ihrer anatomischen „Studienobjekte" gehe ich nicht weiter ein):

„Das war nicht ein Gedanke, sondern eine Offenbarung. Beim Anblick dieser Hirnschale [es handelt sich um jene des Giuseppe Villela] glaubte ich ganz plötzlich, erleuchtet wie eine unermessliche Ebene unter einem flammenden Himmel, das Problem der Natur des Verbrechers zu schauen – ein atavistisches Wesen, das in seiner Person die wilden Instinkte der primitiven Menschheit und niederen Tiere wieder hervorbringt. So wurden verständlich: die enormen Kiefer, die hohen Backenknochen, die hervorstehenden Augenwülste, die einzelstehenden Handlinien, die extreme Größe der Augenhöhlen, die handförmigen oder anliegenden Ohren, die bei Verbrechern, Wilden und Affen gefunden werden, die Gefühllosigkeit gegen Schmerzen, die extrem hohe Sehschärfe, die Tätowierungen, die übermäßige Trägheit, die Vorliebe für Orgien und die unwiderstehliche Begierde nach dem Bösen um seiner selbst willen, das Verlangen nicht nur das Leben in dem Opfer auszulöschen, sondern den Körper zu verstümmeln, sein Fleisch zu zerreißen und sein Blut zu trinken."[31]

Diese Stelle zeigt in ihrer geradezu halluzinierenden Steigerung, dass das Böse des geborenen Verbrechers nicht einfach seiner biologischen Natur entspringt, die ihrerseits, nach den Regeln der Wissenschaft, als intentionslos zu denken wäre. Die Semantik der Stelle lässt gar keinen anderen Schluss zu, als dass die Natur des geborenen Verbrechers im Gegenteil eine *böse Natur* ist. Sie liegt dem „atavistischen Wesen" zugrunde, das in der Gestalt des geborenen Verbrechers die wilden Instinkte der primitiven Menschheit und niederen Tiere wieder hervortreibt.

Unter diesen „wilden Instinkten" findet sich charakteristischerweise auch „die unwiderstehliche Begierde nach dem Bösen um seiner selbst willen" – ein *dämonischer* Hang, der ontologisch und axiologisch vollkommen quersteht zu der Vorstellung des Darwinismus, wonach in der Natur an sich weder Gutes noch Böses existiert, sondern nur Faktisches, das günstigenfalls im Lebenskampf einen Vorteil gegenüber den biologischen Konkurrenten zu bringen vermag. Es kann gar kein Zweifel bestehen, dass Lombroso unter der Vorspiegelung strenger Wissenschaftlichkeit eine Natur ausfindig gemacht zu haben glaubt, welche, statt den ziellosen Gesetzen der Genetik zu unterliegen, nach dem Bösen *um seiner selbst willen strebt.* Es handelt sich also – in mythologischer Begrifflichkeit – um die *Natur des Teufels.* Lombroso arbeitet, ohne es eingestehen zu dürfen, an einer pseudowissenschaftlichen „Rekonstruktion" des Radikalbösen. Dazu gehört, dass er sich bei der plötzlichen „Offenbarung" der Natur des Verbrechers „erleuchtet" fühlt, „wie eine unermessliche Ebene unter einem flammenden Himmel". Dies ist die Sprach- und Bilderwelt der Elevation – Erhöhung zur Wahrheit – durch das Übernatürliche. Und in der Tat: Was Kant noch, transzendentalphilosophisch geprägt, das „böse Herz" des Menschen nannte, wird nun verallgemeinert und quasi naturalisiert.

Der Homo sapiens taucht gleichsam aus dem bösen Urschlamm auf, der am Anfang der Entwicklung allen Lebens steht. Das ist rationalisierte Gnosis. Freilich wird Kant, für den die Primärneigung zum Bösen „unbegreiflich" war – wollte er doch gewiss nicht, dass das Dogma von der Erbsünde unter aufgeklärtem Vorzeichen fortgeschrieben wird –, nun auf das grob und dabei dämonisiert Materialistische zurückgebracht. In allen Menschen, insofern sie zwar ferne Abkömmlinge, aber eben doch Erben des bösen Anfangs der Natur sind, lebt das Teuflische, wenn auch in transformierter, nämlich zivilisierter Form weiter. In den geborenen Verbrechern kommt es dann wieder breitflächig und unbeherrschbar zum Durchbruch.

Man könnte von einer Vulgarisierung Kants an der Schwelle zur durchgehend wissenschaftlichen Betrachtung der menschlichen Natur – wie der Natur des Lebens überhaupt – sprechen. Ein derartiges Etikett würde zwar die Konstruktion Kants nicht plausibler machen; es würde aber zeigen, dass Kants Anliegen nicht die lasterhafte Schrulle eines Aufklärers war, der gegen sein proklamiertes Ziel am Ende den klerikalen Rocksaum küsste. Nein, Kant wollte den Naturbegriff gerade freihalten von religiösen Untertönen, die einer antiaufklärerischen Gnadentheorie des Menschen Vorschub geleistet hätten.

Im Gegensatz dazu werden, weit über Lombroso hinaus, der wissenschaftliche Darwinismus und die ihm verpflichtete Evolutionslehre ein Bild der Natur entwerfen, das unter jeder einigermaßen sensiblen, am Humanismus geschulten Perspektive als Ausdruck des Radikalbösen erscheinen muss. Mögen auch die Endprodukte des ständigen Kampfes ums Überleben eine Ordnung, Komplexität und vor allem auch Schönheit aufweisen, die uns staunen, auf die Knie sinken und Gott preisen lassen, so ist der dem allen zugrundeliegende Mechanismus eine riesige Zufallsmaschinerie ständiger Vernichtung. Sobald diese Maschinerie leidensfähige Wesen hervorgebracht hat, wird die Welt zu einer Hölle des Leids, der Angst und der allergrößten Schmerzen.

Die ganze Veranstaltung wäre weniger teuflisch, wenn sie wenigstens einem guten Endzweck diente. Aber sie ist selbstgenügsam: ohne Ziel. Sie entfaltet sich entlang intentionsloser Naturgesetze, bleibt wertindifferent. Was am Ende herauskommt, ist dem Zufall anheimgestellt, das gilt für alle Schritte hin zu uns, der „Krone der Evolution". Wir sind im Innersten wilde Tiere, die nur durch eine dünne Zivilisationsschicht daran gehindert werden, dem Bösen um seiner selbst willen zu frönen – denn das Böse um seiner selbst willen gedeiht unter der Bedingung des ewigen *struggle for life*.

Bei Lombroso verdichtet sich das Teuflische in der Gestalt des Homo Delinquens. Es *zeigt* sich, indem die äußeren Merkmale des Atavismus schließlich das Wesentliche der physiognomischen Einheit ausmachen. Aus dem anderen wird der Andere. Was ist der Unterschied? In der Verdichtung all der Merkmale, die den geborenen Verbrecher charakterisieren, wirken gleichzeitig zwei gegenläufige Tendenzen, die jedoch ihrem Wesen nach beide dehumanisieren: Menschen entmenschlichen.

Durch das Hervortreten körperlicher Absonderlichkeiten, Stigmata und Abnormitäten, die miteinander regelrecht zu rivalisieren scheinen, wird die physiognomische Einheit infrage gestellt und im Extremfall zerstört. Es ist, als ob wir es mit Wesen zu tun hätten, deren Teile untereinander keine Einheit mehr bildeten, etwa so, wie wir es – als laienhafte Beobachter mit allerlei Ängsten vor dem „Getier" – aus der Segmentierung bei Insektenleibern kennen: Hier drängt ein Kinn wulstig nach vorn, dort springt eine Nase spitz hervor, die Augäpfel treten aus ihren Höhlen und setzten sich vom Gesicht ab, das Haupthaar steht büschelweise vom Kopf weg, die Handlinien zeigen keinerlei Konvergenz. Das Segmentierungsregister ließe sich erweitern, den Nazi-Physiognomikern war das Judengesicht eine grauenerregende Landschaft unverbundener Seelenteile, woraus die metaphysisch Beflügelten unter ihnen folgerten, Juden hätten überhaupt keine Seele.[32]

Darum geht es auch beim geborenen Verbrecher, und auch bei ihm wird bereits jene zweite, gegenläufige Tendenz bemerkbar, die ebenfalls zur Dehumanisierung beiträgt. Komplementär zum Prozess der Segmentierung findet eine physiognomische Verdichtung statt, die das Menschliche der Gestalt auszulöschen droht. Auf den Typus des Homo Delinquens häuft Lombroso eine derartige Fülle an körperlichen Abnormitäten, die alle die Signatur des „bösen Herzens" tragen, sodass das davon gezeichnete Individuum unter dem Druck seiner eigenen dämonischen Undurchdringlichkeit gleichsam implodiert. Was bleibt, ist der meteorische Typus des Mörders, Vergewaltigers, Sadisten – kurz, das authentische Monster, welches das Böse um seiner selbst willen begehrt.

An dieser Stelle gelangen wir, die befremdeten, häufig angewiderten, bisweilen schreckstarren Beobachter an eine absolute Grenze dessen, was wir am anderen noch einfühlend zu begreifen in der Lage sind, mögen wir uns auch hinter der Mimikry objektiver Wissenschaftlichkeit verschanzen. Das Radikalböse an einem Menschen, das sich nach außen hin zeigt, ist etwas, was wir nicht mehr verstehen können – so wenig, wie wir das Radikalböse, das „eingenistet" in unserer eigenen Seele lebt, verstehen können. Kant: Unbegreiflich! Im Fall des lombrosianischen Monsters hat das Radikalböse – das Böse um seiner selbst willen – die Seele von innen her aufgelöst, was nun in einem Handeln seinen Ausdruck findet, welches unter keine menschliche Verständniskategorie mehr fällt. Aus dem anderen ist der Andere geworden; und der Andere ist – mythologisch gesprochen – stets der Seelenlose, ein Agent oder Repräsentant des Teufels.

Was Lombroso, der doch gegen das metaphysische Prinzip im Umgang mit dem Bösen antrat, uns wie in einem Brennglas erkennen lässt, ist der misslingende Versuch, das Radikalböse wissenschaftlich zu „rekonstruieren". Jede derartige Rekonstruktion hätte dem Postulat der Wertfreiheit zu genügen. Selbst abzüglich der immer wieder unterlaufenden Ausdrücke des Abscheus und Ekels, die das Werk Lombrosos durchziehen, ist der Ansatz des Homo Delinquens *von Grund auf ein dämonologisches Konzept*, das sich in eine quasiwissenschaftliche, evolutionistische und medizinische Begrifflichkeit hüllt.

Dass die Psychologie des geborenen Verbrechers insgesamt eine Nebenrolle spielt – alle typisch psychologischen Merkmale sind holzschnittartige Versatzstücke der kruden Kriminalpsychologie des 19. Jahrhunderts, die vor dem Raffinement der großen Verbrecherliteratur regelrecht tollpatschig wirkt –, hat wohl einen tieferen Sinn: Der Andere bleibt im Seelengrunde „opak". Kant: Unbegreiflich!

Im Gegenzug wird das biologische Modell des Verbrechens benützt, um das Wesen des geborenen Verbrechers als *seelenlosen Mechanismus* herauszustellen. Zwar fehlt es den Monstern weder an Bewusstsein, Triebhaftigkeit und Emotion. Aber nichts davon ist ein Ausdruck jener Transzendenz, die mit dem Geistigen einhergeht und eine notwendige Voraussetzung dafür bildet, dass in dem Gemisch aus Trieblava und rationalem Kalkül eine Freiheit des Wollens und Tuns im genuinen Sinne wirksam zu werden vermag.

Im Begründungsprozess der wissenschaftlichen Kriminologie ist der Lombrosianismus mehr Bekundung als Einlösung eines Programms. Doch das wird sich ändern. Nachdem der Spuk einer arischen Biologie und, speziell, nationalsozialistischen Degenerationsforschung vorbei war, wurden zunächst soziologische und tiefenpsychologische Ansätze vorangetrieben. Sie entsprachen den Vorstellungen eines „humanen" Umgangs mit dem abweichenden Individuum. Allerdings entwickelte sich parallel dazu die biologische Forschung immer weiter, und sie machte ihrer eigenen Logik gemäß vor dem Menschen, der an einer angeborenen Gewissensschwäche und antisozialen Impulsen litt, nicht halt. Mit den Methoden der modernen Gehirnforschung konnte nun sichtbar gemacht werden, worum sich die Phrenologen („Schädelvermesser") einst mit ihren untauglichen Mitteln bemüht hatten: den Sitz des Bösen in seinen verschiedenen Ausprägungen am Gehirnknochen. Freilich, alle Varianten des Lobmbrosianismus und Neolombrosianismus verwahren sich seit jeher strikt dagegen, von einem „Sitz des Bösen" zu sprechen.

Das Böse gab es nur als Zuschreibung im Alltag; in der Wissenschaft existierten einzig und allein Fakten, deren moralische Bewertung außerhalb des Horizonts objektiver Forschung lag. Damit wurde zugleich einer Sichtweise Raum gegeben, die aus Menschen Bioorganismen werden ließ, die zwar lebten, denen aber das Merkmal der Lebendigkeit fehlte. Dieses Merkmal war nicht einmal *ausdrückbar*. Lebendig-Sein ist im Unterschied zum bloßen Lebend-Sein eben jene Qualität, die aus dem Raum des Biologischen erst einen Raum des Seelischen werden lässt, worin die personale Freiheit und die damit mögliche Sphäre menschlicher Existenzialwerte ihren Platz finden.

Ein leichtfertiger Blick könnte meinen, dass damit auch das Problem des Radikalbösen obsolet geworden sei. Doch das wäre ein grundlegender Irrtum. Denn gerade die Gestalten des Lebens, welche der Transzendenz entbehren – die „Seelenlosen" –, fordern archetypische Reaktionen heraus. Die nächstliegende zeigt sich in der irritierten, ins Mythische abkippenden Frage, wodurch denn der Mensch seiner Seele verlustig gegangen sei. Die für den Aufklärer naheliegendste Antwort lautet: Dadurch, dass der Mensch zum Objekt der Wissenschaft geworden sei. Diese Antwort provoziert die Gegenfrage,

woher eine mögliche Wissenschaft vom Menschen die Berechtigung
nehme, uns glauben zu machen, sie würde ihr „Objekt" korrekt darstellen, indem sie es akkurat *seines Wesens beraube* – seiner Transzendenz oder Seele, worin die spezifischen Fähigkeiten des Menschen als
eines ursprünglich ethischen, mit Würde und Autonomie ausgestat-
teten Geschöpfes wurzeln. Entlang dieser Frage-Antwort-Linie ge-
langt man zu dem Verdacht, dass die Wissenschaft einer Konstruktion des Menschlichen dient, worin sich letztlich der Raum der Transzendenz überhaupt schließt. Die Immanenzverdichtung wäre, so gesehen, total geworden.

Geht man davon aus, dass die Grundfunktion des Radikalbösen
darin besteht, die Seele des befallenen Individuums, das heißt auch:
dessen Transzendenz, zu zerstören, so wird man der reduktionisti-
schen Verdichtung von Immanenz eine „dehumanisierende" Rolle
attestieren müssen – woraus dann eine Ontologie des Teufels auf das
geheime Wirken des Radikalbösen *im Innersten der Vernunft* schließen mag. Die naturwissenschaftliche Begrifflichkeit zeigt den Menschen abzüglich all dessen, was ihn im Vollsinn des Wortes als Person
– und damit erst als humanes Wesen – konstituiert. Dieser Mensch
der Wissenschaften führt uns vor unser eigenes Wesen als einer exklu-
siven Ausprägung der Innerweltlichkeit. Nichts an uns deutet im
Kontext totaler Immanenzverdichtung noch auf die Existenz jenes
ontologischen Überschusses, des Geistigen, welches erst bewirkt, dass
aus dem biodynamischen Komplex „Leben" beseelte Lebendigkeit
erwächst.

8.
DER BÖSE WILLE

Man mag das naturalistische Paradigma, angewandt auf die menschliche Natur, für angemessen halten oder nicht. Es erhält jedenfalls eine spezifische Dramatik, sobald es dazu dient, in der Nachfolge Lombrosos eine Theorie jenes Menschentypus zu entfalten, der nun, wie immer nach außen hin differenziert, dennoch von seiner Natur her als Homo Delinquens eine Renaissance erfährt.

Zwar ist heute nicht mehr von „Rückschlagsbildungen" und Atavismen die Rede, die bis zu den niederen Säugern und schließlich sogar ins Reich der fleischfressenden Pflanzen hinunterreichen; auch der ganze Komplex physiognomischer Stigmata gehört weitestgehend der Vergangenheit an. Doch Stigmata sind vorhanden, nur sind sie dem Laien nicht offensichtlich, im Gegenteil. Sie haben sich in die neuronalen Netzwerke zurückgezogen, können auch in zerebralanatomischen oder hormonellen Anomalien aufgespürt werden. Am Tiefsten allerdings liegen die genetischen Defekte, die ihrerseits am nachhaltigsten Wirkung entfalten.

Während es verschiedene begriffliche Konstruktionsweisen des Menschen gibt, die dazu führen, dass er als exklusiv biologisches, soziologisches, psychologisches Wesen erscheint – also in einer seiner relativen und selektiven Wirklichkeitsformen, wobei jedes Mal vom Aspekt des Seelischen abstrahiert wird –, ist im Falle des modernen Homo Delinquens, des genetisch und neurologisch konstituierten Psycho- und Soziopathen, das Fehlen der Transzendenz keine methodische Abstraktion, *sondern Realität im Vollsinn des Wortes.*

Sobald sich unser Blick auf den „gewissenlosen Verbrecher" mit der Evidenz verbindet, es nicht mit einer gewöhnlichen Spielform des Bösen, sondern damit zu tun zu haben, dass wir einer Verkörperung des Radikalbösen gegenüberstehen, werden die Tiefenstigmata zu Aspekten einer seelenlosen menschlichen Situation: Wir haben Wesen vor uns, deren Seele zerstört wurde – oder die aufgrund eines uns unfasslichen Schicksals nie eine hatten, ähnlich jenen bösen Engeln, die sich gegen Gott wandten, weil sie mit weniger Gnade begabt waren als die guten Engel.

Da der Verbrechermensch ein Wesen ist, von dem das Radikalböse schon immer Besitz ergriffen hat, ist es an dieser Stelle angebracht, einen kurzen Blick auf die Behandlung der Frage „Woher der böse Wille der bösen Engel?" zu werfen – und uns die Antwort zu vergegenwärtigen, die sich im *Gottesstaat* des Aurelius Augustinus (*De civitate dei,* etwa 413 bis 426) findet. Die bösen Engel, so der Kirchenlehrer, sind zwar gut erschaffen worden und deshalb böse aus freiem Antrieb. Doch bei dem Versuch, den Abfall vom Guten zu erklären, wird bemerkbar, dass die Rede vom „freien Antrieb" bloß eine Hilfskonstruktion ist: Die bösen Engel sollen schuldig sein und einst dafür ihrer gerechten Strafe zugeführt werden können. Aber wieso fielen sie ab, wo doch das Gute ein wunschloses, vollkommen paradiesisches Wohnen bei Gott war?

> Die anderen aber, die wohl gut erschaffen waren, aber nun böse sind [...], sie haben entweder eine geringere Gnadengabe göttlicher Liebe empfangen als jene, die in ihr verharrten, oder wenn sie beide gleich gut erschaffen waren, so kamen die einen durch ihren bösen Willen zu Fall, während die anderen reichlicher unterstützt wurden und so zur Fülle der Seligkeit und der Gewissheit, niemals ihrer verlustig zu gehen, gelangten [...][33]

Und woher kam dann der böse Wille, nachdem die Engel alle gut erschaffen worden waren? Dass sie sich aus freiem Antrieb für das Böse entschieden hätten, wird durch den Text im Grunde ausdrücklich zurückgenommen. Denn es wird gesagt, dass die bösen Engel weniger von Gottes Gnade in sich hatten und, sofern es nicht daran lag, in ihrem Verweilen im Zustand makellosen Gutseins weniger „reichlich unterstützt" wurden als die guten Engel.

Das deutet darauf hin, dass Gott selbst für das Auseinanderfallen der Engel in eine Gruppe der Guten und der Bösen verantwortlich war. Um jedoch diesen häretischen Gedanken erst gar nicht aufkommen zu lassen, postuliert Augustinus – wie später Kant auf seine Weise –: „Sucht man nach einer bewirkenden Ursache dieses bösen Willens, findet man keine."[34]

Dabei ist das argumentative Hakenschlagen insofern verständlich, als eine ursprüngliche Ursache des Bösen nur in Gott selbst hätte liegen können oder aber im Teufel, der dann jedoch als eine eigenständige, Gott gleichursprünglich gegenüberstehende Macht gedacht worden wäre. Gerade durch seine Abwendung vom Manichäismus musste freilich Augustinus die Annahme eines ursprünglich Bösen, also eines Radikalbösen im exakt wörtlichen Sinne, als besonders anstößig empfinden. Und natürlich war die Alternativmöglichkeit, die darin bestand, den Ursprung des Bösen in Gottes Wesen zu verlagern, ebenfalls indiskutabel. Ergo: Auf der Ebene der Engel konnte es keine bewirkende Ursache des Bösen geben, solange nicht bereits der erste böse Engel – der Teufel – in Erscheinung getreten war. Aber wie kam der Teufel dazu, Existenz zu erlangen in Gottes guter Schöpfung? Kant: Unbegreiflich! Die Einführung des freien Willens war an dieser Stelle nicht geeignet, das Mysterium zu lösen. Denn der freie Wille konnte ja seine Funktion erst entfalten, wenn es bereits eine Versuchung oder einen Versucher gab, der den Willen in die Richtung des Bösen zu drängen vermochte. Warum also, noch einmal gefragt, wandten sich die bösen Engel von Gott ab? Dass sie es freiwillig taten, ist eine Unterstellung, die dem Systemaufbau der Freiheit ganz und gar widerspricht. Kein Engel ist ursprünglich frei im uns geläufigen moralischen Sinne; jeder Engel steht vielmehr im Glanz und unter der Gnade Gottes. Das mag auf eine höhere, ja die höchste Freiheit hindeuten – die Freiheit von jeder Form von Versuchung durch das Böse. Aber gerade der uns geläufige Freiheitsbegriff resultiert wesentlich aus der Möglichkeit und Wirklichkeit einer Versuchung zum Bösen.

Wandten sich die Engel gezwungenermaßen von Gott ab? Auch diese Alternative scheint nicht recht verständlich, da Gott sie nicht gezwungen hat. ER würde seinem guten Wesen entsprechend niemals der Versuchung zu solchem Zwang nachgegeben haben, falls eine solche Versuchung mit Gottes Wesen überhaupt zusammengedacht werden darf. Deshalb konnte hier kein Zwang – und auch keine Verursachung – wirksam. sein

Von da aus führt der Weg ins Dunkle, nämlich nach dorthin, von wo sich Augustinus mit aller Schärfe abgewandt hatte, nicht ohne schonungslose Selbstbezichtigung. Man mag annehmen, dass Gott selbst eine Dämonenschar der Engel seelenlos schuf, als opake Wesen mit gleichsam engelhaftem Antlitz – was darauf hinausliefe, dass Gott der Teufel hätte sein müssen, also ein falscher Gott. Oder man mag davon ausgehen, dass der Teufel als ursprüngliche Macht einige Engel, die mit „weniger Gnade" ausgestattet waren, in seinen Bann zog, indem er ihnen die Seele raubte und sie zu seelenlosen „Dingen" umformte. Diese zur Verdammnis prädestinierten Wesen wären dann der Gravitation des Bösen unterlegen, ohne dass es dafür noch eines besonderen Grundes, einer Rechtfertigung bedurft hätte. Wie immer man die Sache dreht und wendet, wir befinden uns in jenem Albtraum, der das Radikalböse an den Anfang aller Dinge setzt, wodurch unweigerlich das kosmische Drama des Kampfes zwischen Beseeltheit und Seelenlosigkeit in Gang gesetzt wird.

Im Archetypenkreis des Bösen mag derart verständlich werden, wie das Verbrechermenschliche mit dem mythischen Ursprung zusammenhängt. Es gibt menschliche Wesen, die, weil ohne Seele, nicht nur etwas Undurchdringliches in sich tragen, sondern wesentlich undurchdringlich *sind*. Damit ist weniger eine spezifisch psychologische Blockade gemeint, obwohl die typische „Bestie" unter den Seelenlosen in ihrer Motivationslage für den vom Geist erhellten Menschen letzten Endes unverständlich bleibt. Gemeint ist vor allem der Umstand der Geistlosigkeit selbst: Gedacht als Verkörperung des Radikalbösen, ist der Verbrechermensch ohne Transzendenz. *Da er durch und durch Empirie ist*, erscheint er dem Betrachter schließlich als ein Mechanismus, ein Zombie – als ein Lebendtoter, der keine Spur der Verwüstung zu hinterlassen braucht, um als Inbild menschlichen Verwüstetseins nicht nur abzustoßen, sondern uns das Fürchten zu lehren.

***

Ich möchte den Eindruck vermeiden, dass im Reich der Bilder und Symbole, die uns dabei helfen, dem begrifflich Unaufschließbaren am Phänomen des Lebendigseins näherzukommen, das Fehlen der inneren Freiheit, der „Willensfreiheit", schon ausreicht, um das Phänomen des Radikalbösen zu markieren.

Wahr ist, dass zwischen Geist im objektiven Sinne und der inneren Freiheit des begeisteten Wesens ein intimer Bezug vorliegt. Und es lässt sich nicht leugnen, dass Menschen, die von Faktoren beherrscht und mobilisiert werden, über die sie prinzipiell keine Kontrolle haben, eine *Transformation nach unten* erleiden: aus lebendigen Wesen werden Organismen, die leben, und die metaphysische Frage des „bösen Herzens" wird ersetzt durch die ganz andere Frage, wie im Falle eines sozialschädlichen Verhaltens auf den Organismus mittels Anwendung geeigneter Techniken zu reagieren sei. Transzendenz, Seele und Moral spielen, wenn überhaupt, dann eine rein instrumentelle, verhaltensmanipulative Rolle.

Dennoch sollte man im Auge behalten, dass der Konnex zwischen der inneren Freiheit, dem *liberum arbitrium*, und dem Auftreten des Bösen in der Welt das Grundthema eines jeden Existenzialismus ist. Im Mythos bleibt das Problem des freien Willens ganz und gar doppeldeutig. Erst die Theodizee wird es im Rahmen des Versuchs, das Böse in der Schöpfung zu rechtfertigen, einer klaren Ratio zuzuführen versuchen: Gott habe dem Menschen den freien Willen gegeben, denn nur so, als innerlich freies Wesen, das für seine Entscheidungen verantwortlich sei, komme ihm auch jene Würde zu, die er als „Bild Gottes" (*imago dei*) beanspruche.

Ungeklärt bleibt dabei die Frage, warum Gott ein Wesen nach seinem Bilde schuf, sofern dies voraussetzte, es einer Freiheit auszusetzen, die das Malum in der Welt vermehren wird. Ist der Mensch erst einmal frei, wird er aufgrund der vielen Versuchungen, die seiner Natur *immanent* sind – auch dies ein Fallstrick für die Idee der guten Schöpfung –, immer wieder „aus freien Stücken" das Böse tun anstatt des Guten.

Aus freien Stücken: Für den Existenzialisten liegt in dieser Wendung eine Herausforderung, der er sich stellen muss. Denn nichts charakterisiert für ihn das Phänomen der Freiheit besser als eine Handlung gegen die menschliche Neigung, im Sinne seiner praktischen Vernunft das Gute zu tun. Wer das Gute tut, der tut etwas, was getan werden sollte. Das wusste schon Thomas von Aquin: *Bonum est faciendum et prosequendum*. Für den Existenzialisten ist es also kein Beweis der Freiheit, dass die Menschen sich „menschlich" verhalten, das heißt so, wie es der Humanismus predigt. Man erweist sich nicht dadurch als Mensch, indem man „strebend sich bemüht", obwohl man doch, weil fehlbar, oft genug fehlt.

Der Existenzialist dringt auf den Grund der puren Existenz. Und dieser ist „sinnlos". Das eben ist das radikalindividualistische Erbe der Herauslösung aus dem Mythos: Weder gibt es einen bergenden Quellgrund noch eine der Quelle allen Seins und Daseins immanente Bedeutung. Wahre Individualität heißt demnach: im metaphysisch „Freien" stehen, als Individuum losgelöst von jedweder Einbindung in Überindividuelles. Darin liegt die Tragik des Menschen ebenso wie seine hochaufgereckte, göttergleiche Stellung im Ganzen. Seine Freiheit kann er nur unter Beweis stellen, indem er den Beschluss fasst, ein Heiliger zu werden oder aber sich dem Satanischen, dem absolut Bösen anheimzugeben. Denn nur in diesen Extremen, welche dem „Natürlichen" zutiefst entgegenstehen – dem biologischen, sozialen, kulturellen Durchschnitt, aus dem heraus das „Maß des Menschen" folgen soll –, herrscht Freiheit als metaphysisches Radikal.

Tatsächlich hat der Existenzialismus, in seiner historischen Ausprägung als Teil der europäischen Avantgarde, die Bürgerschreckhaltung bevorzugt: Der Mensch kann sich seiner Freiheit nur vergewissern, wenn er bereit ist, das Böse zu zelebrieren, wohl wissend, dass von ihm das Gute gefordert wird. Darin liegt die Umkehrung des normalverständigen Urteils, welches im Vollzug böser Taten, die *wirklich* böse sind, eine Einschränkung des freien Willens behauptet. Wie sonst sollte ein Mensch, der nicht unter teuflischem Einfluss und Zwang steht, willentlich das Teuflische tun können?

Die existenzialistische „Feier" der Freiheit zum Sinnlosen ist allerdings nur eine Abwandlung des sehr alten Verdachts, wonach die Freiheit nicht ein Geschenk der Götter, sondern eine Leimrute des Teufels sei. Ein Wesen Böses tun zu lassen, das keine Freiheit kennt – obwohl in einem solchen Fall von „Bösem" im Verständnis menschlicher Moral ohnehin nicht die Rede sein kann –, hätte dem Teufel nichts weiter gebracht als den befriedigenden Anblick von noch mehr Elend, als es in der Welt schon immer gab. Der Teufel will nicht einfach das Elend vermehren, er will die Seele verwüsten, indem er ihren Träger, den Menschen, seiner Transzendenz beraubt. Dazu bedarf es der Freiheit als metaphysischer Gabe.

Vom wem stammt diese Gabe? Die offizielle Lehre sagt, sie stamme von Gott. Aber ist es nicht viel plausibler, in ihr ein Geschenk des Teufels zu vermuten? Indem der Mensch zum moralischen Subjekt wird, wird er ja nicht nur zum Guten fähig, das er ohnehin oft genug verfehlt, sei es aus Unwissen, sei es aufgrund der Bedrängnisse seiner ihm angeborenen Natur. Der mit dem *liberum arbitrium* ausgestattete Homo sapiens wird vor allem für das Böse anfällig. Und indem er für das Böse anfällig wird, das er selbst, aus dem Grund seiner Freiheit heraus, zu verantworten hat, wird der Teufel fähig, sein verderbliches Netz um ihn, den Sünder, zu spinnen.

Man könnte also behaupten, dass die Freiheit vom Ursprung her im Dienst des Radikalbösen steht. Sie erst ermöglicht es, den Menschen in eine Lage zu bringen, wo das finale Existenzspiel – der Kampf um die Seele – beginnt. Dem Teufel mag die Innewohnung des Radikalbösen in Lombrosos Verbrechermenschen und all den Zombies, die unsere Scheinwelt bevölkern, zwar recht sein, aber sie wird ihm nicht besonders am Herzen liegen. Wo kein Geist ist, keine Lebendigkeit, da hat der Teufel bereits gewonnen, gleichsam ohne einen Finger zu rühren. Der Teufel hat, als getreuen Anhang, ein Heer von dämonischen Wesen, nicht nur subordinierte böse Engel, sondern auch Scharen innerweltlich Seelenloser, darunter auch jene Verlorenen, die zum Bösen geboren sind – *homines delinquentes.*

Für die antike Gnosis war seit Anbeginn klar, dass die Freiheit nichts Gutes bedeuten und bewirken konnte. Denn die Welt war eine Schöpfung des dämonischen Demiurgen, nach Vorstellung der christlichen Gnosis: eine Schöpfung des altbiblischen Jahwe. Diesem war daran gelegen, uns leiden zu machen, auf dass wir GOTT verfluchen –

jenen fernen Gott, der sich um nichts kümmerte, nicht einmal um die in uns abgesunkenen göttlichen Seelenfunken, welche die Sehnsucht weckten, in das ach so ferne Reich des reinen Glanzes, in den wahrhaft göttlichen Schoß zurückzukehren. *Fluch auf die Freiheit zum Bösen!* Das ist der gnostische Fluch, dem die gnostische Sehnsucht nach dem Einen, Absoluten, dem ewigen Sein bei Gott gegenübersteht.

Doch alles hat hier, am Grund jedweder Metaphysik des Lebens, zwei Seiten, die einander komplementär bedingen. Mag auch die Freiheit – gedacht als die Fähigkeit des Menschen, letztinstanzlich Dinge in der Welt hervorzubringen – das „böse Herz" erst möglich machen (kein Raubtier, kein Verrückter, kein Monster kann ein böses Herz haben wie der Mensch, der frei ist zum Bösen), so ist doch eben jene Freiheit zugleich und notwendig auch ein Konstituens nicht bloß des Lebens, sondern unserer Lebendigkeit.

Ohne Freiheit kein Seelenfunke, das ist der Grundeinspruch gegen jede gnostische Paranoia. Der Geist als der Urquell all dessen, was lebendig ist, kann nicht als Maschine, weder als Kausalmechanismus noch als Zufallsgenerator, gedacht werden. Mit dem Primat des Geistes ist mitgegeben, dass Lebendigkeit und Freiheit gleichursprünglich damit sind, dass etwas und nicht nichts ist. Dass alle Dinge „beseelt" sind, ist nur der archaische Ausdruck dieser metaphysischen Fundamentalbestimmtheit des Seins gegenüber dem Nichtsein.

Und so bringt uns die Freiheit schließlich vor die Frage, ob nicht allem Sein über das Seelische hinaus immer auch schon der Keim des Radikalbösen innewohnt. Während das Prinzip des Geistes im Seienden die Kraft des Lebendigen, „Göttlichen", nährt und befördert, droht dessen dunkler Gegenpart damit, die Dinge in tote Materie, tote Energie – das ganze Universum in ein Schwarzes Loch – zu verwandeln.

Wir kommen jenseits der mythischen Bildsprache keinen Schritt weiter: Wir verharren vor den letzten Mysterien. Doch es scheint, als ob jeder Versuch, die Freiheit ohne den Teufel zu denken, an einer Überbeanspruchung des menschlichen Geborgenheitsbedürfnisses laboriert. Auch wenn die Privationstheorie des Bösen recht hat – das Böse also ein „Mangel an Sein" ist –, schützt uns diese metaphysische Kondition nicht vor der Einsicht, dass der *totale Mangel an Sein*, wie er im Radikalbösen zum Ausdruck kommt, einen mächtigen Sog zu entwickeln imstande ist. Die „dunkle" Energie des Bösen verwandelt den Geist in leblose Naturgesetzlichkeit, und das Seelische wird zur „Illusion", einer Ausgeburt unseres aus toter Materie bestehenden Gehirns.

***

Wer sich mit dem Teufel einlässt, kommt in Teufels Küche, auch metaphysisch, auch mythologisch betrachtet. Wer sich mit dem Teufel einlässt, dessen Bild Gottes wird vom Radikalbösen affiziert.

Man muss Gott – falls man sich anheischig macht, IHN zu denken – als den „Gott aller Menschen" denken, über alle Einwände hinweg, die der menschliche Verstand in seiner Endlichkeit dagegen erheben mag. Dazu gehört, dass man sich trotz allen Versagens der Theodizee vor den Übeln der Welt nicht davon abbringen lässt, der Gottesdefinition des Anselm von Canterbury rechtzugeben: Gott ist das „denkbar vollkommenste Wesen", über das hinaus sich nichts Vollkommeneres denken lässt; Gottes Existenz muss daher als notwendig und nicht bloß als möglich gedacht werden. Denn zur Vollkommenheit gehört die Existenz. Und so kann die Antwort auf die Frage, ob Gott das Gute tue, weil es gut ist, oder ob das Gute gut sei, weil es Gott tut, nur lauten: Das Gute ist gut, weil Gott es tut, und Gott tut das Gute, weil es gut ist. In Gottes notwendiger Existenz sind die beiden Grundaspekte einer jeden theologischen Axiologie miteinander verschmolzen.

Aber ich habe aus der Geschichte der Schöpfungsideen die Lehre bezogen, dass das vollkommenste Wesen keinen Grund, Willensgrund, hätte, sich aus seiner eigenen unüberbietbaren Seinsfülle herauszubegeben, wenn es im Wesen Gottes nicht eine *Minimalasymmetrie* gäbe. Der Ausdruck nützt die Analogie zu den naturwissenschaftlichen Spekulationen darüber, warum nach dem Urknall sich so etwas wie Materie und damit jenes „Gebiet" herausbilden konnte, das wir als unseren Kosmos kennen – irdisch gesprochen: als Himmel mit den Sternen drauf –, statt sofort wieder in reine Strahlung überzugehen. Dazu nämlich bedurfte es eines Mehr an Materie gegenüber der Antimaterie, eines Überhangs an positiv geladenen Teilchen:

> Es ist dieser Punkt, um den der ganze Idealismus eines Fichte, Hegel und Schelling kreist, oder besser gesagt: Es ist die kleine Störung oder Fluktuation im Subjekt, das sein Objekt *ist* und, als das Subjekt dieses Objekts, zugleich *nicht* ist – es ist diese identitätslogische Minimalasymmetrie, wodurch erst das göttliche Subjekt aus seinem Zustand reiner Selbstversenkung heraustritt und durch einen "Akt" ursprünglicher Selbstobjektivierung den Beginn der endlichen, von Raum und Zeit beherrschten Welt ermöglicht.[35]

Zur absoluten Vollkommenheit Gottes gehört es (im Gegensatz zu dem, was uns Plotin und die Neuplatoniker lehren), dass in Gott eine „Dunkelheit" – ein immer schon sich selbst aufhebendes Unbegreifen

seiner selbst – ist, welches das unendlich vollkommene Wesen aus
sich herausstellen muss. Um sich selbst vollständig durchsichtig zu
werden, muss Gott *werden*. Das führt zu der weiteren Vorstellung,
dass Gott die Welt *ist*, indem er *weiß, wie es ist, die Welt zu sein.*[36]
Sein und Wissen fallen in Gott, dem denkbar vollkommensten
Wesen, zusammen, doch nicht derart, dass die Nichtidentität von
Subjekt und Objekt keine innere Bewegung mehr verlangte oder zu-
ließe. Im Gegenteil: Gott *ist* ein sich ständig Entfaltender; er ist jene
sich im Entbergen verbergende Wahrheit oder „Lichtung" des Seins,
von der Heidegger sprach. Das Sein ist, bei aller Verborgenheit des
Absoluten, nicht opak.

Diese Bewegung des Heraustretens Gottes aus seiner eigenen Ruhe
der Vollkommenheit mag einerseits interpretiert werden als das eigentliche Schöpfungsgeschehen, aus dem jene Welt hervorgeht, auf
die sich dann der menschliche Geist richtet – nicht zuletzt in seiner
Zuspitzung als Naturwissenschaft. Andererseits hat diese Bewegung
an sich, aus Gottes Wesen eine Dunkelheit zu erschließen, die zum
Licht hin will, jenem Licht des Geistes, das Gott *immer auch schon ist.*
In der höchsten Fülle des Seins liegt – so möchte man sagen (und so
muss man wohl sagen) – ein Mangel, eine Seinsleere einbeschlossen,
ohne welche die Fülle nicht denkbar wäre, ebenso wie sich das Licht,
um zu sein, gegen die Dunkelheit absetzen muss, damit es auch diese
noch zu erhellen mag.

Das sind, aus menschenmöglicher Sicht, dialektische Verhältnisse
des Absoluten, des urgründigen Geistes, und aus eben jenen Verhältnissen mag zwar nicht akkurat verständlich, aber immerhin andeutbar
werden, woher das Radikalböse kommt. *Es kommt von nirgendwoher,
ist immer schon da, als ein metaphysisches Strukturelement der Welt.* Abzüglich des Radikalbösen wäre auch das Radikalgute, wäre Gott in
seiner absolut vollkommenen Reinheit und Lichtheit und Transpa-
renz nicht denkbar.

Diejenigen, die hier, in solcher Fundamentaldialektik, das Rumo-
ren eines Widerspruchs vermuten – sie vermuten nicht ohne Grund.
Niemandes Geist, der nicht göttlich wäre, darf sich an die letzten
Mysterien des Seins heranwagen und dabei hoffen, er käme ohne
Wahnsinn, ohne Zusammenbruch aller Logik davon.

ANHANG:
ÜBER DAS RADIKALGUTE

FRAGE: *Ich habe heute, am 26. November 2014, einen Artikel gelesen, dessen Titel* IS sprengt Nonnenkloster in die Luft *lautet. Eigentlich wollte ich unser Gespräch mit etwas Erfreulichem beginnen. „Nun kommt mir vor", sagen Sie in Ihrer Religionsphilosophie mit dem Titel* Theorie der Erlösung *(2006), „ich muss mit der Existenz des Bösen beginnen." Der Terrormiliz IS, der sich sogar Schüler anschließen, würde ich diese Existenz zuschreiben. Ich frage mich – und das wäre auch meine Frage an Sie –, wie die weltweite Islamisierung zu verstehen ist: Ist sie als eine Rückkehr des Religiösen oder eher als dessen Repolitisierung zu verstehen? Eine Repolitisierung, die auf säkularem Boden ausgetragen wird?*

ANTWORT: Also ehrlich gesagt, bei aller Erschütterung über die Gräueltaten der Organisation „Islamischer Staat" ist mir die Wendung „Existenz des Bösen" doch ein wenig zu stark – zu substanzialistisch: als ob der Teufel seine dämonischen Heerscharen ausgeschickt hätte, die nun in die Schergen einer islamischen Terrormiliz gefahren wären! Ich denke, es ist der Schock, unter dem wir momentan im Westen stehen, der uns vergessen lässt, wie es so weit kommen konnte. Ich weiß nicht, wie die Welt aussehen würde, wenn die Amerikaner seinerzeit, in den Neunzehnachtzigerjahren, die Mudschaheddin nicht militärisch und – man bedenke! – ideologisch im Sinne des „Heiligen Kriegs", des Dschihads, aufgerüstet hätten, um die Sowjets in Afghanistan zu bekämpfen ... Das klingt heute, als ob sich die CIA einen schlechten Witz mit der Weltgeschichte erlaubt hätte.

Inzwischen sind viele Jahre vergangen, und die Lebensbedingungen in den islamischen Ländern, in denen nun die Gewaltbereitschaft massenhaft grassiert, sind nicht besser, sondern schlechter geworden. Ich meine, wir reden von einer Trümmerhaufenwelt, in der alles gedeihen kann, nur keine Aufklärung, keine Liberalität, kein Mitgefühl mit dem verhassten Feind. Der anlaufende Prozess der Zivilisation wurde schon längst gestoppt oder sogar umgekehrt. Und vergessen wir auch nicht, dass es sich bei aller inneren Korruptions- und Bürgerkriegsdynamik vielfach um Länder handelt, die der Westen aus offen militärischen und sogenannten geopolitischen Gründen – und natürlich auch wegen des Reichtums an Rohstoffen da und dort –

zum eigenen wirtschaftlichen Vorteil zähmen wollte, teilweise durch skrupellose Unterstützung der allerabscheulichsten Tyrannen.

Im Übrigen kommt hier eben Unterschiedliches zusammen, wie immer, wenn eine kollektive Lage durch Unbildung, Armut, Arbeitslosigkeit, Ausbeutung und chronische Instabilität charakterisiert ist, während es Waffen im Überfluss gibt. Unter solchen Voraussetzungen existiert keine Sicherheit, kein Schutz vor Grausamkeit, keine Aussicht auf ein friedliches Leben in bescheidenem Wohlstand. Und dabei sollen die Menschen – und ich rede jetzt vor allem von den jungen Männern – nicht verrückt werden? Gewiss, die Religion funktioniert als Katalysator, gewissermaßen als Brandbeschleuniger.

Dennoch: Was die Gräuel angeht, die jetzt Tag für Tag passieren, sollte man nicht aus den Augen verlieren, dass sie in deklariert religionslosen, ja atheistischen Regimes gleichermaßen vorzufinden waren – und weiterhin brutale Realität sind, glaubt man den spärlichen Berichten aus Nordkoreas riesigen Straflagern und anderen Höllenorten in anderen gottlosen Gegenden. Ein Beispiel wie jenes der kommunistischen Roten Khmer lehrt uns darüber hinaus, dass sich die Massaker, die bis zum Schlimmsten, Unausdenkbaren gehen, bis hin zum Zertrampeln von Neugeborenen, zum Zerschmettern von Kleinkindern an Baumstämmen, genauso gegen das eigene Volk richten können. Die Historiker sprechen von „Autogenozid", ein klinisches Wort für einen ethnischen Albtraum. Allein die Zahl der mittlerweile geborgenen Opfer des Pol-Pot-Regimes übersteigt die Millionengrenze.

Und vergessen wir auch nicht: Es ist der menschlichen Natur – und zwar vor allem der männlichen – in nicht wenigen Exemplaren eigen, dass es sexuell gefärbte Lust bereitet, Schwächere zu dominieren, zu unterdrücken und zu quälen, vorausgesetzt, die entsprechenden Auslöser, „Trigger", sind vorhanden. Totalitären Regimes ist es noch nie schwergefallen, Folterknechte zu rekrutieren, die mit Ambition ans Werk gingen. Und dabei muss der Blick nicht immer in die Ferne schweifen, wenn es um die Gegenwart oder jüngere Vergangenheit geht. Denken wir an das postkommunistische Europa. 1995, damals, im letzten Bosnienkrieg, ereignete sich das Massaker von Srebrenica. Gräueltaten, mit Gusto ausgeführt: Etwa achttausend Männer und Jungen wurden abgeschlachtet, sie galten ihren Schergen weniger als das Vieh, das man noch im Akt der Schlachtung „human" zu behandeln sucht.

Kurz gesagt, unter den gegebenen Bedingungen war und ist der IS-Terror – man muss es sagen – ein fast normales Phänomen. Dass sich davon in christlichen Stammländern mehr und mehr Jugendliche angezogen fühlen, die ganz und gar im Frieden aufwuchsen, jedoch keinerlei attraktive Lebensperspektive haben, Halbwüchsige männlichen und weiblichen Geschlechts, die sich chronisch langweilen und nach Führung und Abenteuer lechzen: Auch das ist „normal" im Sinne von „erwartbar". Mit religiöser Entflammung hat das alles, dieses, um mit Ernst Jünger zu sprechen, „abenteuerliche Herz", nur sekundär zu tun. Dabei ist die Zahl der überhaupt Anfälligen, gemessen an der Bevölkerungszahl liberaldemokratischer Staaten in Europa, bis jetzt ohnehin verschwindend gering.

FRAGE: *Wie ist diese „Erwartbarkeit" zu verstehen? Worauf muss man sich künftig einstellen?*

ANTWORT: Mit der Gefahr des Terrors werden wir wohl oder übel in Zukunft leben müssen. Dabei wird, vermute ich – und im Grunde wissen wir über die fernerliegende Zukunft immer nur fast nichts –, weniger die Religion eine globale Gefahr sein; viel gefährlicher wäre ein ökonomischer Kollaps, der im Rahmen der kapitalistischen Weltdynamik nie ausgeschlossen werden kann. Viel zu viele Faktoren entziehen sich der Kontrolle einer gemeinwohlorientierten Politik. Bis es jedoch soweit ist – und hoffen wir, dass es nie soweit sein wird! –, sollten wir nicht übersehen, dass die Waffenarsenale des Westens zum Bersten gefüllt sind, und zwar mit Gerätschaften, denen die Terroristen nichts dauerhaft Wirksames entgegenzusetzen haben ...

Wenn die militärischen Schleusen erst weit geöffnet würden (und mittlerweile wächst die Bereitschaft im Westen wie im Osten), dann wäre es schnell vorbei mit dem Traum der Dschihadisten vom Großraumkalifat. Freilich wäre dann aber auch, wegen der mitgeführten Interessenskonflikte aller involvierten Großmächte, ein neuerlicher Weltenbrand – ein globaler Krieg mit apokalyptischen Folgen – in unmittelbare Nähe gerückt.[37]

***

Als ich 2014 mit Alexandru Bulucz ein Gespräch über den religiösen Terror führte, wollte ich nicht gleich einer Rhetorik Raum geben, die leicht hätte als metaphysische Dramatisierung missfallen können. Gewiss, an der Krise der Spätmoderne unter der globalen Bedingung diachroner kultureller Entwicklungsstände war nicht zu zweifeln. Gerade deshalb schien mir ein Tonfall angebracht, der sprachlich demobilisierte. Denn im Folgenden würde es ja um Themen der Lebensmetaphysik gehen, um letzte und vorletzte Fragen, um Gut und Böse

– also um existenzielle Hochdruckgebiete, in denen sprachlich und
gedanklich gerne mobilisiert wird.

Es war dieses Gespräch, das mich nicht mehr losließ, besonders ein
Aspekt, der eher nebenher und ausdrücklich gar nicht erwähnt wurde
– ich meine die Existenz des Radikalbösen. Denn schon seit Langem
hege ich nicht bloß als unkundiger Beobachter, sondern auch als ge-
schulter Philosoph einen Verdacht, den der rationale Mensch unterdrücken sollte (und bei wachen Sinnen eben doch mit sich herum-
schleppt):

Die Menschheitsgeschichte wird in ihren bösartigen Grundzügen
verständlicher, wenn man sie als *The Devil's Party* betrachtet. Dabei
bildet gerade die „unschuldige" Natur mit ihren Orgien des Fressens
und Gefressen-Werdens, mit all den unvorstellbaren Leiden, welche
die unschuldigsten, harmlosesten, freundlichsten Geschöpfe des Lebens zu erdulden haben, eine schauerlich-würdige Kulisse des Dämonischen.

Natürlich sind mir, dem biologischen Laien, die Erklärungsmuster
der Evolutionstheorie in groben Zügen bekannt. Aber gerade der
Umstand, dass diese Theorie jede Teleologie des Bösen als Aberglau-
ben, geboren aus Unwissenheit, verwirft, rückt sie selbst in ein dä-
monisches Licht. Angesichts der Vernunft, die keinen Widerspruch
„von außen" zu dulden scheint, bekommt die Frage des Außenste-
henden, der aus einer tiefinnerlichen Bewegtheit spricht, einen seltsam autoritativen Klang: Hat hier, mitten im wissenschaftlichen Betrieb, etwa der Teufel seine Hand im Spiel? Werden dem Teufel
nicht Tür und Tor geöffnet, indem er sich selbst dort noch verleug-
nen lässt, wo das menschliche Empfinden nichts mehr zu erkennen
vermag als Höllen, vor denen jene des Hieronymus Bosch oder Alfred
Kubin glatt zu einem Karneval der Jahrmarktsschrecken verblassen?
Die Leugnung der Existenz des Teufels ist ja, einer alten Weisheit
zufolge, der beste Beweis seiner Existenz.

Nichtsdestoweniger wäre für einen Philosophen, der in seiner
Profession das alte Streben nach Weisheit fortwirken fühlt, bei aller
Ehrfurcht vor den Weisheiten der Alten ein Rückfall in den Teufels-
glauben unerträglich. Ein Philosoph, der nie vom Licht der Aufklärung erhellt wurde, kann höchstens ein abergläubischer Obskurant
sein. Das ist gewiss nicht die Plattform, von der aus ich die Dinge sehen wollte.

Doch ich wurde den Eindruck nicht los, dass wir mit den üblichen
Begriffen der Wissenschaft und des sogenannt rational-philosophi-
schen Diskurses an die Realität des Bösen nicht herankommen. Das

wahrhaft Böse – im Unterschied zu all dem, was im Laufe der Zeiten als böse ausgegeben wird, bloß, weil es einer zeitbedingten Konvention widerspricht – ist, wie auch das wahrhaft Gute, *im Metaphysischen verankert*. Deshalb wirken psychologische Erklärungen, sobald sie sich des wahrhaft Monströsen annehmen, immer so, als ob bei ihrer Durchführung irgendwie zu kurz gegriffen würde. Und je tiefer sie gehen, wie etwa die Spekulationen der Psychoanalyse, umso konstruierter muten sie an, falls sie nicht, mehr oder minder offensichtlich, auf mythisches Material – laut C. G. Jung: Archetypen – zurückgreifen.

Wenn also im Voranstehenden von einer „Ontologie des Teufels" die Rede war, dann stets im Bewusstsein der Bildhaftigkeit meines begrifflichen und narrativen Instrumentariums. Was ich allerdings zu vermeiden trachtete – und darin wurzelt mein entscheidender Antrieb, über das Radikalböse nachzudenken –, ist der Furor des Dekonstruktiven. Demnach müsste die mythische Bilderwelt, um ihren „Wahrheitsgehalt" erst richtig herauszuarbeiten, ihres Wahrheitsanspruchs gerade entkleidet werden. „Der Teufel ist weg", schreibt Adolf Holl, in seiner Besprechung des Buches von Kurt Flasch über den Teufel und seine Engel, „das Diabolische ist geblieben."[38]

Am Schluss bleibt also – und ich denke, das ist es, was Holl unangenehm berührt – höchstens der Respekt vor einer komplexen kulturgeschichtlichen Formation, in deren Rahmen der Teufel und seine dämonischen Heerscharen die Gehirne und Gemüter erhitzten. Sie taten dies nicht ganz zu Unrecht, denn es handelte sich zwar um Ausgeburten der Phantasie, die indessen das Auftreten radikal böser Handlungen zum Anlass nahmen, die Realität des Bösen durch dessen Personifikation zu akzentuieren.[39]

Ist der Teufel erst einmal dekonstruiert, dann freilich taugt er als Metapher für alle möglichen Zivilisationserscheinungen, welche der jeweilige Autor als besonders anstößig oder gefährlich markieren möchte. Mit dieser Strategie der Diabolisierung ohne realen *diábolos* möchte ich mich in außerliterarischen, ontologisch orientierten Zusammenhängen nicht weiter anfreunden. Hier ein Beispiel: „Nachdem die Hölle im 20. Jahrhundert wiedergekehrt war, hat sich der Teufel als Gutmensch verkleidet. Der Teufel ist heute jene Kraft, die stets das Gute will und stets das Böse schafft. Das Gute ist nämlich der Traum des Bösen. [...] Das Böse ist also mit unserer Moral koextensiv. [...] Mit anderen Worten: Der Teufel spricht heute die Sprache der Opfer."[40] An dieser bemerkenswert forcierten Stelle wird ein altes, verfolgungswahnartiges Motiv verwendet – der Teufel, der sich

als sein Gegenteil tarnt –, um eine ihrem Anspruch nach tugend-
sensible Mentalität bloßzustellen. Deren Kern besteht nach Ansicht
ihrer Kritiker darin, der Moral gegenüber der Pragmatik ein allzu
starkes Gewicht beizumessen.

Geht man davon aus, dass an solcher Kritik etwas dran ist – also
„Gutmensch" nicht bloß als ein Kampfbegriff der politischen Rechten verwendet wird, sondern die Kritik des Gutmenschentums auf
den bigotten Moralismus sozial privilegierter Schichten abzielt –,
dann sollte man dennoch die Kirche im Dorf lassen. Davon zu reden,
dass der Gutmensch eine Maske des Teufels sei, macht den Teufel zu
einer Unterhaltungsfigur des Meinungsboulevards. Jene, die als „Gut-
menschen" diabolisiert werden, entpuppen sich kaum jemals als
Monster. Weder verwandeln sie die politische Welt in ein Pandämonium, noch stellen sie im privaten Bereich jene Psychopathen, die
danach trachten, das Leben anderer auf denkbar schmachvolle Weise
zu zerstören. Dass unsere Moral mit dem Bösen „koextensiv" sei, ist
eine Inszenierung, die ihrerseits den Teufel *instrumentalisiert*, um ihn
in den Dienst einer überreizten Ideologiekritik zu stellen.

Was ich hingegen zeigen wollte, ist der Wahrheitsgehalt (das Wort
ohne Anführungszeichen), der in den mythischen Bildern rund um
die Existenz des *diábolos* steckt. Gewiss, des „Pudels Kern" ist keine
übersinnliche Gestalt des Grauens, kein Fürst der Hölle, sei es in der
Erscheinungsform eines Bocksfüßigen oder einer schönen Larve. Aber
man sollte nicht verdrängen, was uns die menschliche Erfahrung
lehrt. Es gibt Erscheinungsformen des Bösen, die sich weder auf die
sozialen Verhältnisse oder die Kinderstube, noch auch auf irgendwel-
che angeborenen psychologischen Defekte befriedigend zurückführen
lassen.

Ja, es gibt stets „empirische" Ursachen, die benannt werden kön-
nen. Dessen ungeachtet bleiben wir unbefriedigt und ratlos zurück:
Wie können derartige Ursachen zu solchen Wirkungen Anlass geben?
Worin liegt hier das Geheimnis der Umsetzung, das dazu führt, dass
Menschen zu Bestien werden, die eine Blutspur unaussprechbarer
Gräueltaten hinterlassen, sich an den Schreien ihrer Opfer delektie-
ren, auf einem Berg aus Totenschädeln thronen und lachend trium-
phieren? Kant nannte dieses Geheimnis das „böse Herz".

Mein Resümee: Um dem Wesen des Bösen gerecht zu werden, um
uns dem Herz der Finsternis anzunähern, dürfen wir es nicht auf empirische Ursachen reduzieren. Wir dürfen es nicht *verinnerweltlichen*,
sondern müssen dem Unbegreiflichen Rechnung tragen. Dieses hat,
bildlich gesprochen (und anders können wir hier nicht sprechen, falls

wir uns mitteilen wollen), seine Wurzeln *außerhalb* der Welt – jener Welt, mit der wir als Immanenz, als Innerweltlichkeit, auf die sich alle Wissenschaft richtet, vertraut sind. Davon, *vom ontologischen Überschuss, der das Radikalböse kennzeichnet,* handelt die Ontologie des Teufels.

***

Wer vom Radikalbösen spricht, dem darf der Gedanke nicht entgleiten, dass es so etwas wie das Radikalgute traditionell immer nur in Vorstellungskontexten zu geben scheint, die direkt mit dem Wesen Gottes und einiger Auserwählter – der guten Engel und einer sündlosen, zeitlebens bereits verklärten Maria – zusammenhängen.

Das Radikalgute, *soweit es sich in seinen menschlichen Verzweigungen äußert,* war nie ein bevorzugter Topos des theologischen Denkens. Dort herrschen, zumindest im Christentum, seit jeher Ideale wie Glaube, Liebe und Hoffnung, wobei die Liebe laut der berühmten Stelle aus dem Ersten Korintherbrief des Paulus das Größte sein sollte. Obwohl gerade die Liebe in ihren hohen Verkörperungen, die „wahre Liebe", die Nächsten- und Feindesliebe, die Liebe zu Gott, nicht nur ein Ideal ist, sondern ein Ideal der Unbedingtheit des Guten, lag doch das Augenmerk der Theologie stets auf der Fehlbarkeit, Unvollkommenheit und Sündhaftigkeit des Menschen. Von da aus betrachtet, nämlich vom Standpunkt des Mangels aus, war es naheliegend, sich über die Natur des Radikalbösen als eines Merkmals der menschlichen Natur zu verbreitern – *ubique daemon* –, während die Engelsnatur etwas war, das höchstens den Seligen und Heiligen zugebilligt wurde.

Wenn wir jedoch den Ansatz einer Ontologie des Teufels ernstnehmen, und also auch ernstnehmen, dass das Radikalböse auf eine Zerstörung der menschlichen Seele dringt – eine Zerstörung der Teilhabe des Menschen an der Transzendenz des Geistes, am „Göttlichen" –, dann sollten wir uns jener Quelle nicht verschließen, aus der uns die Gewissheit unseres wahren Lebendigseins erwächst. Wir haben dieses, im Gegensatz zum bloß organischen Prozess des Lebens, bisher mit der alten Vorstellung des Beseeltseins identifiziert. Wenn wir weiterhin daran festhalten, dann ist es offensichtlich, dass das Radikalgute sich zwar moralisch *ausdrückt,* aber nicht im Phänomen des Moralischen *erschöpft.* Beseelung und Beseeltheit sind Gnadenphänomene. Sie sind auf Innerweltliches nicht reduzierbar, keine Strategie der Mehrung des Wohlbefindens (sofern damit ein psychologischer Stimmungszustand gemeint ist) reicht aus, um Seelisches zu befördern und zu vertiefen.

Da wir alle am Bösen in der einen oder anderen Form mehr oder weniger teilhaben, können wir uns zwar laufend um Gutmachung bemühen. Wir können uns bemühen, bessere Menschen zu werden. Aber das Böse ist, was es ist. Unsere Seele strebt jedoch danach, vom Bösen erlöst zu werden. Man hat dieses Streben, unsere Ursehnsucht nach mehr Fülle und Lebendigkeit, oft missverstanden. „Und erlöse uns vom Übel!" Das ist die Bitte desjenigen, der vom „Übel" bedroht wird. Er bittet Gott, ihn bei der moralischen Anstrengung, sich der Bürde des Bösen zu entledigen, Beistand zu leisten. „Mach mich innerlich stark, um der Versuchung zu widerstehen!" Der schwache Mensch weiß, dass er dieses Beistandes bedarf. Doch das Böse bleibt, was es ist; es ist im besten Fall *von uns genommen worden,* durch eigene Anstrengung und – wie der Gläubige ahnt – durch Gottes Hilfe.

Ist also unsere Seele befreit, wenn sie vom Bösen „erlöst" wird? Nein, sie ist nur gleichsam „leerer", weil der Bürde des Übels ledig. Das ist nichts Schlechtes oder gar Verwerfliches. Man könnte auch sagen, die Aufgabe aller Moral, sofern sie sich um Tugend bemüht, liegt darin begründet, dass die Seele von der Bürde des Übels befreit wird. *Dennoch wird derart das böse Herz nicht erlöst.* Dazu bedürfte es einer Umordnung des Ganzen: Das dunkle Wesen des Übels, die Wurzel alles Bösen, müsste sich in Helligkeit verwandeln. Keine noch so große Tugendanstrengung des Menschen wäre dafür groß genug. Auch die Tugend verharrt im Reich der Übel.

Wir betreten hier wieder jenes Terrain, an dem das Dunkle uranfänglich dem Hellen beigemischt ist, es als solches bedingt und dynamisiert – wir betreten das Terrain des Radikalbösen. Seine Überwindung ist dem Menschen nicht im Raum des Ethischen möglich. Dieser Raum ist ja die Folge der Existenz des Teufels. Aber indem wir uns bemühen, gut im ethischen Sinne zu werden, leben wir auf einen Horizont zu, dessen Limes tiefinnerlich der unsere ist: Wir leben darauf hin zu, das Dunkel in uns, dessen wir bedürfen, um lebendig zu sein, und dessen Ausbreitung doch den Tod unserer Seele bedeutet, zu transformieren. *Transformation nach oben:* darauf hin leben wir zu, von Lebendigkeit durch und durch erfüllt zu sein – ohne den dialektischen Antrieb des Radikalbösen.

Formelhaft gesprochen: Wir wollen nicht bloß die Erlösung vom Übel, wir sehnen uns zuinnerst danach, *dass noch das Übel von sich selbst erlöst werde.*

Und eben darin liegt das Wesen des Radikalguten. Seine Wirkung ist keine, die durch eine moralische Handlung allein bewerkstelligt werden könnte. Denn seine Wirkung ist ein Wandlungsgeschehen, und als solches bedarf es einer Gnade, über die das moralische Subjekt keine Macht hat. Doch mir scheint, dass im Barmherzigkeitsideal der radikalmetaphysische Gedanke, wonach das Übel von sich selbst Erlösung fände, einen menschenmöglichen Ansatzpunkt findet.

Das Handeln, das zu Recht als barmherzig gilt, richtet sich auf die Elenden, Unwürdigen – es richtet sich sogar noch auf die Unwürdigsten, die der moralische Menschenverstand zur Hölle und sonst nirgendwohin wünscht. Aber indem wir durch etwas „in uns" dazu befähigt werden, auch noch jenen, die schon zur Höllenfahrt gerüstet sein sollten, Hilfe und, ja, mitgeschöpfliche Anteilnahme zu gewähren, beginnt unsere immer schon beschädigte Seele wieder heil zu werden: Wir beginnen, die Welt in einem *unbedingten* Sinne zu *bejahen*. Unsere Welteinverständigkeit ist dann keine bedingte mehr, die sich an den „moralischen Fakten" orientiert. Sie ist vielmehr die Einverständigkeit von Wesen, die als „Geschöpfe" – als geistbegabte Kreaturen – wissen, dass es ist, wie es ist, *und dabei gut*.

Wir sind angehalten, das Böse zu bekämpfen, und hoffen dabei, dass wir der Barmherzigkeit fähig bleiben. Barmherzig zu sein gegenüber den Elenden, den Unwürdigen, ja selbst den „Teufeln in Menschengestalt" – das ist mehr, als ein menschliches Herz von sich aus zu leisten vermöchte. Für das Radikalgute können wir uns weder autonom noch pflichtgemäß entscheiden, so wenig wie wir imstande sind, durch Akte der Lebenskunst uns unserer Lebendigkeit zu versichern.

Kurz: Die Misericordia ist der menschenmögliche Ausdruck dafür, dass es im Gnadenkontext kein Leben gibt, welches nicht der Erlösung bedürftig und fähig wäre. Alles Übel, ob selbstverschuldet oder schicksalhaft auferlegt, ist Teil der erlösungsstrebigen Schöpfung.

KLEINE BARMHERZIGKEITSEPISODEN

Ich erhalte eine E-Mail zu früher Stunde, das Jahr der Barmherzigkeit steht an. Ich war aber schon zeitig beim Bäcker, wo einer, der einst Bettler sein durfte, gleich neben der Türe steht, und sich nun – wegen irgendeines Betteleigesetzes – als Zeitschriftenverkäufer platzieren muss. Niemand will seine Zeitschrift, ich auch nicht. Das erst macht den Bettler elend. Er soll sich als *würdig* erweisen, also ist er Dienstleister. Wie immer drückte ich ihm rasch ein Geldstück in die Hand, verlegen. Er lächelte mich an. Ja, er versteht meine Verlegenheit und das beschämt mich umso mehr.

Dann wieder zuhause, die E-Mail wartet: „Sehr geehrter Herr Professor, in der katholischen Welt wird 2016 das Jahr der Barmherzigkeit begangen. Deshalb komme ich mit der Anfrage zu Ihnen: Können Sie uns einen kleinen Essay zum Thema ‚Barmherzigkeit' schreiben?" Ich sage sofort zu. Denn gerade war mir beim Bäcker etwas widerfahren, was der Ratio unserer Zeit entspricht: Wir geizen nicht mit Freigebigkeit, wir sind karitativ gesonnen und sozialstaatlich hochmunitioniert. Doch die Empfänger unserer Wohltätigkeit müssen sich, im Dankbarkeitsgegenzug, als würdig erweisen. *Nicht wahr?* Das ist unser humanitäres Drohfragezeichen.

Und uns entgeht dabei, dass wir im Begriffe sind, unser Bestes zu opfern. Denn erst die Bereitschaft, uns der Elenden ohne Ansehen ihrer Würdigkeit zu erbarmen, macht uns wahrhaft zu Mitmenschen. Unserer Humanität fehlt das Barmherzigkeitsherz.

***

Wieder zeitig beim Bäcker. Ich will gleich nach dem Frühstück mit meinem kleinen Essay über die Barmherzigkeit beginnen. Der Bettler neben der Tür des Bäckers ist verschwunden. Ich frage im Geschäft nach. Man weiß nichts.

Ich weiß jedoch, dass die Besitzerin des Geschäfts, eine Kirchgängerin, dem Pfarrer erlaubte, einen von „jenen" – in ihren bigotten Augen ganz und gar Unwürdigen – neben dem Geschäft zu platzieren, ordnungsgemäß als Zeitschriftenverkäufer adjustiert. Die unverkäufliche Zeitschrift heißt *Global*, sie könnte ebenso gut „Nirgendwo" heißen: *Utopia*.

Das Frühstück will mir nicht recht schmecken. Als mich meine Frau fragt, was mir über die Leber gelaufen sei, antworte ich kurz angebunden: „Mildtätigkeit ist auch nicht alles." Und als sie mich nur schweigend anschaut, frage ich schroff, wie sie mich denn behandeln würde, falls ich ihr an der Straßenecke begegnete – als Bettler.

Da sagt sie: „Ich kenn dich, du bist immer gleich beleidigt."

Darauf ich: „Und?"

Darauf sie: „Ich würde dich mit Würde behandeln, mein Herr!"

Sie fügt etwas Liebevolles hinzu, sodass ich nicht anders kann, als sie über den Tisch hinweg zu umarmen. Trotzdem setze ich störrisch nach – der zu schreibende Essay rumpelt in meinem Kopf herum –:
„Und wenn ich aber einer von *jenen* wäre, ein *Unwürdiger?*"

Darauf sie: „Dann würde ich so tun, als ob du keiner wärst. Und dann wärst du eben keiner. Können wir jetzt, bitte, weiterfrühstücken?" Und ob!

***

Verblassende Erinnerung an den 13. November 2015. Eine Terrorserie hatte Paris in den Ausnahmezustand versetzt. Die Terroristen brüllten, bevor sie Hunderte niederschossen, „Allah ist groß!". Bei all der Wut und Trauer weit über Frankreich hinaus war von jenem Gott des Schreckens kaum die Rede – jenem Gott, der, um groß zu sein, eines grausamen Blutzolls bedarf. Frankreich ist ein laizistischer Staat, der gottlose Humanist hat sich seit jeher abgewendet. Hier, bei uns, die wir im tiefsten Frieden leben, kehre ich vom Bäcker mit duftendem Frühstücksgebäck zurück, nach Hause. Der Bettler neben der Tür des Bäckerladens war wieder da (er hat kein Zuhause mehr), die Zeitschrift, die er in den Händen hielt, hieß wie immer *Global.* Ich denke wie immer ans Nirgendwo – *Utopia* –, das mich an den „Gott aller Menschen" erinnert. Gemäß jüdisch-christlicher Lehre ist Gottes Wesen erfüllt von Barmherzigkeit: „Der HERR ist ein barmherziger und gnädiger Gott, langmütig, reich an Huld und Treue", so steht's im Zweiten Buch Mose. Weswegen wir, seine Geschöpfe, uns der Barmherzigkeit befleißigen sollten, auch denen gegenüber, die unser und ihr eigenes Leben zerstören, während sie brüllen: *allahu akbar!*
Wieder zuhause werfe ich einen Blick durchs Fenster auf die graue Klosterkirche gegenüber meinem Haus. Sie steht noch. Ob die Karmelitinnen dort drinnen für die Terroristen eine Kerze des Schweigens angezündet haben?
Die weltliche Ethik kennt keine Barmherzigkeit, nur Gerechtigkeit und Humanität. Das ist mehr als genug und ist doch zuwenig.

***

Mein Albtraum: Der Lebenskunstphilosoph glaubt an alle Götter, er ist ästhetischer Polytheist. Der gottlose Humanist glaubt an gar keinen Gott. Durch seine Spendentätigkeit hat er bereits viele vor dem Verhungern gerettet. Auf den Einzelnen komme es an, sagt der gottlose Humanist.
Die Haltung des gottlosen Humanisten findet der Lebenskunstphilosoph kleinbürgerlich; er rettet keinen Einzelnen, besucht statt-

dessen Aidskonzerte und Krebsdiscos. Der gottlose Humanist kann seinen Humanismus nicht erklären. Dass er nicht erklären kann, warum es auf den Einzelnen ankomme, macht ihn heimlich böse auf die, die er rettet. Er könnte sich ein steinernes Herz einpflanzen und nichts in der gottlosen Welt würde ihn ins Unrecht setzen: „Und was, wenn ich euch fallen, euch sterben ließe? Was wollt ihr mir entgegenhalten außer euren Seufzern?" Es ist die Möglichkeit des Unmenschen in ihm, gegen die der gottlose Humanist wehrlos bleibt. Dagegen steht einzig sein Engagement.

Der Lebenskunstphilosoph schmunzelt: Engagement war gestern, Achtsamkeit ist heute. Sanft mischt er sich unter die geladenen Gäste der Armutsgala ...

... und so vernebelt auch der Alb, welcher mir im Traum auf Brust und Seele drückte. Erwachend glaube ich noch, die geschundene Erde seufzen zu hören. Da fällt mir ein, wovon ein jeder Versuch über die Barmherzigkeit handeln muss: Misericordia, das ist keine Erdentugend; ihr Ursprung liegt außerhalb der Welt. Und ihre Werke sind ein Skandalon: Sie erlösen uns nicht vom Übel, sondern das Übel von sich selbst.

***

Paris ist, schon bald nach dem Terror, wieder Paris. Eben die Stadt der Liebe. Inzwischen hat mir der Bettler, nachdem ich ihn beherzt fragte, aus seinem Leben erzählt: Er sei, wie er sich ausdrückte, „ein alter Knochen", „ein toter Hund". Beides. Nichts.

Bosnischer Muslim, die Familie von den „Christlichen" massakriert. Alles schon lange her.

Hier sei er freundlich aufgenommen, dann nicht mehr wahrgenommen worden. Das Übliche eben, aber selber schuld, immer selber schuld: Arbeitsloser, Alkoholtrinker (seine schlimmste Sünde, *allahu akbar*), Almosenmann. Ich prallte innerlich zurück. Es war etwas Grausiges in seinem Sarkasmus, gleich neben der Bäckerei, aus deren Türe die Düfte des Frischgebackenen strömten. Manche Kunden – so der Bettler – würden ihm ein, zwei Stück Gebäck in die Tasche stopfen, als wäre er eine Puppe. Immer wieder müsse er wegbleiben, weil er die „Menschlichkeit" nicht ertrage.

Ich weiß, der Bettler hat auch mich gemeint. Seither meide ich morgens den Gang zum Bäcker. Stattdessen nehme ich ein paar Brötchen aus dem Kühlschrank und backe sie selber auf. Beim unpersönlichen Hantieren – Elektroherd vorwärmen, Brötchen aufs Backblech, Umluft bei 60 Grad Ofenwärme – fühle ich mich besser, weniger „menschlich". Ich weiß jetzt, wie ich meinen Essay über die Barmherzigkeit beenden werde. Mit der Geschichte vom Bettler, der es nicht erträgt, täglich zur Puppe unserer Menschlichkeit zu werden. „Menschlichkeit": Ja, es ist die *menschliche Anmaßung*, radikal gut zu sein, die uns böse werden lässt. Wir alle sind gut nur unter der Bedingung des Übels. Wir alle bedürfen des Erbarmens. Wir alle bedürfen der Erlösung vom Übel, das wir sind. Das ist der Gnadensinn von „Misericordia".

Geschrieben
vom Sommer 2015 bis zum Frühjahr 2016,
unter Verwendung von verstreut Publiziertem

ANMERKUNGEN

1 Was meine simple Interpretation des „radikal Bösen" in Tarantinos Film betrifft, so hat Raimar Zons Triftiges eingewendet: „Der radikal Böse ist in diesem Film ja nicht die Pappnase Hitler, sondern der höfliche [von Christoph Waltz gespielte SS-Standartenführer] Hans Landa. Und die Nazis werden nicht einfach mit dem Kino in Brand gesetzt, sondern das Zelluloid des Propagandafilms sprengt sie durch seinen hohen Anteil an Nitrozellulose buchstäblich in die Luft. Das ‚Reale' steht hier also gegen das Imaginäre und kann auf diese Weise die Zeitachse manipulieren, beste Definition dessen, was Medien *tun.*"

2 Charlie Chaplin: *Die Geschichte meines Lebens,* Frankfurt a. M. 1964 (6. Aufl. 1998), S. 399 f.

3 ZDF-Talkshow Maybrit Illner, September 2004.

4 Deshalb der ausufernde Hang zum Kommentar, mit dem immerhin erreicht werden soll, dass eine Haltung der Distanz eingeübt und an die nächsten Generationen weitergereicht wird. Zu Beginn des Jahres 2016, nachdem die Rechte des Freistaates Bayern an Hitlers *Mein Kampf* ausgelaufen waren, wurde eine voluminös kommentierte Ausgabe dieses Buches vorgelegt. Die Kommentare folgen an der Oberfläche jenem Aufklärungsmuster, dem historisch-kritische Ausgaben stets wissenschaftlich verpflichtet sind. Untergründig angetrieben werden sie freilich von der durchlaufenden Absicht, Hitlers „Machwerk" zu widerlegen und das Böse in ihm freizulegen, ohne es durch seine bloße Präsentation für den Leser attraktiv werden zu lassen. Obwohl verdienstlich im Einzelnen, steckt im Distanzierungswillen doch auch ein gutes Stück Hilflosigkeit: der „Hitler in uns" verhält sich gegenüber allen Apellen der Vernunft und Moral resistent.

5 *Novum Testamentum Tetraglotton,* Nachdruck, Zürich 1981, S. 945.

6 Der „Widersacher" oder *adversarius* wird im griechischen Original ἀντίδικος genannt. Das ist, seiner etymologischen Bedeutung nach, der „Gegenredner", weshalb sich auch das Bild des brüllenden Löwen anhegt. Petrus will die Seinen vor der Redegewalt des Verführers warnen. Allgemein wir hier einer Vorstellung des „Widersachers" Raum gegeben, die ihn in die Reihe der Götzenlehrer einreiht, also all jener, die den falschen Glauben predigen. Der Vorstellung des Teufels, dessen Präsenz buchstäblich jede Gräueltat gegenüber den Satansdienern oder vom Satan Befallenen rechtfertigt, wird im Petrusbrief allerdings kaum Raum gegeben, wovon auch das Bild des stolzen Löwen Zeugnis ablegt.

7 Als ich mir den Film bei seinem Erscheinen in einem Grazer Kino ansah, wurden die durchgruselten Besucher nach der Vorstellung von ultrakatholischen Aktionisten überrascht, die kleine Zettel verteilten, auf denen eine Art spiritueller Hotline angegeben war. Man sollte sich an diese Adresse wenden, falls einem in der Nacht der Teufel erschiene oder sonst etwas zustieße, was die Präsenz einer dämonischen Kraft anzeige. Soweit es mich betrifft, kam ich nicht nur unbehelligt davon, sondern habe mir auch die nachfolgenden *Exorzisten*-Filme mit einem Vergnügen angesehen, in das sich freilich – wie ich gerne einräume – eine Gefühlsnote mischte, die unter aufgeklärten Menschen kein Thema sein sollte.

8 Vilém Flusser, der später als Medientheoretiker bekannt wurde, schrieb sein erstes Buch über den Beitrag des Teufels zu Gottes Werk. Wohl im Anschluss an die Gnostiker benannte Flusser den Teufel als Urheber der sich in der Zeit entfalten-den Welt – einen kreativen Urheber, der mit seiner Schöpfung mitwuchs, bis hin zum Menschen. Cf. Vilém Flusser: *Die Geschichte des Teufels*, Göttingen 1993 („European Photography"); obwohl ursprünglich bereits auf Deutsch geschrieben, war dieses Werk zunächst 1965 in São Paulo unter dem Titel *A história do diabo* erschienen.

9 Stalins Gulag und Maos Kulturrevolution wurden von der Linken des Westens nur langsam in ihrem Ausmaß an Unmenschlichkeit begriffen und ohne Wenn-und-Aber in die Liste des großen Jahrhundertterrors aufgenommen.

10 Der „zwanglose Zwang" bestand, praktisch umgesetzt, zu einem guten Teil darin, Verlagsmacht auszuüben. Jürgen Habermas durfte entschieden dabei mitreden, was sein Hausverlag an Übersetzungen im geisteswissenschaftlichen Sektor anferti-gen ließ. Und so erschienen beispielsweise die Bücher von Jacques Derrida, des „Dekonstruktivisten"-Gurus, nur zu einem geringen Teil bei Suhrkamp. Das führte dazu, dass kleinere Verlage, indem sie mit hervorragenden Übersetzern ar-beiteten, die wilden Denker *à la française* dem Publikum präsentierten – und da-mit die Sache der Franzosen besser vorantrieben, als dies ein Verlag hätte tun kön-nen, dessen renommierteste wissenschaftliche Reihe einem eher uninspiriert intel-ligenten Akademismus huldigte. Vgl. dazu auch Philipp Felsch: *Der lange Sommer der Theorie. Geschichte einer Revolte. 1960 – 1990*, München 2015.

11 Peter Sloterdijk: *Zeilen und Tage. Notizen 2008 – 2011*, Frankfurt a. M. 2012, S. 452.

12 Dass sich dieses Ende bis heute nicht einstellte, schwächte das Christentum in sei-ner Substanz; doch das ist, wie man so sagt, wieder eine andere Geschichte.

13 Es handelt sich um ein Langgedicht, das zunächst in monographischer Form er-schien: München / Wien (Carl Hanser) 1985.

14 Die Geschichte erschien ursprünglich in einer französischen Satirezeitschrift, an deren Namen ich mich nicht mehr erinnere. Sie wurde mir vor Jahren von Adolf Holl in einer Kopie übermittelt, die – wie so vieles in einem Leben, das bereits mehr als ein halbes Jahrhundert währt – verlorenging.

15 Das Gedicht findet sich in der Sammlung „Der Herbst des Einsamen", zitiert nach: Georg Trakl: *Dichtungen und Briefe*, hrsg. v. Walther Killy u. Hans Szklenar, Salzburg 1987, S. 57.

16 Ernst Jünger: *Sämtliche Werke*, Bd. 19, Stuttgart 1999, S. 615 u. 620.

17 Aus Anlass der Flüchtlingsströme Richtung Europa, die Österreich, Deutschland und Schweden zum Ziel hatten, erschien eine Version des wiedergegebenen Textes in der *Kleinen Zeitung* vom 2. 10. 2015, „Thema", S. 2 f.

18 Es ist hier nicht der Ort, um über die Beweiskraft der Experimente zur Widerle-gung des freien Willens zu sprechen. Nur so viel: Erstens sind die Ergebnisse und die daraus gezogenen Folgerungen allesamt umstritten. Das könnte sich jedoch ändern. Daher ist es zweitens wichtig, im Auge zu behalten, dass die Idee des frei-en Willens eine metaphysische Vorstellung vom Menschen als einem *primum mo-vens immotum* ins Spiel bringt. Wir sind als moralische Subjekte auch „erste Bewe-ger", das heißt: wir sind in der Lage, Dinge in der Welt herbeizuführen, ohne dass es dafür eine hinreichende Kausalbedingung gäbe, würden wir nicht selbst als fun-damentale personale Entitäten, die zu allen empirischen Gegebenheiten hinzutre-ten, aktiv werden (zum Beispiel: *ich* hebe meinen Arm, nicht bloß: mein Gehirn etc. bewirkt, dass sich mein Arm hebt). Ich möchte jedoch keineswegs den Ein-

druck erwecken, unsere Alltagsmetaphysik wäre des „Rätsels Lösung". Vielmehr gibt es hier ein Rätsel und die Lösung verharrt, vom Standpunkt einer jeden empirisch-rationalen Rekonstruktion, im Dunkeln. Denn wenn man nur tief genug gräbt, dann stößt man auf die Unverzichtbarkeit einer ontologischen Position, die wir als „Primat des Geistes" kennen – eine Metaphysik, vertrackt und schwer auf den Begriff zu bringen. Ich habe meinen Beitrag zu leisten versucht in: *Diktatur des Gehirns. Für eine Philosophie des Geistes,* Paderborn 2014.

19 Unter dem Stichwort *Nazi zombies* finden sich allerdings mittlerweile über 30 Produktionen, von Comics über Video-Games bis zu Spielfilmen, allen voran die *Wolfenstein*-Serien: https://en.wikipedia.org/wiki/Nazi_zombies.

20 Spricht diesen Befund jemand offensiv aus wie letzthin Botho Strauß in seiner Notizenfolge „Der letzte Deutsche" (erschienen im Wochenmagazin *Der Spiegel* 41/2015, dann wird er im Qualitätsfeuilleton, auch dem „konservativen" – das Wort scheint mittlerweile bedeutungslos – mit Kritik und Verachtung überschüttet. Das Geschrei ist dermaßen schrill, dass man merkt, hier soll etwas übertönt werden.

21 Im Sinne von „eingeboren" – vgl. dazu weiter unten im Text.

22 *Kants Werke. Akademie-Textausgabe,* Bd. VI, Berlin 1968, S. 32. Ausführlich zu dieser mehr als denkwürdigen Stelle, und zwar in einer Interpretation, die sich um größtmögliche Umsicht und Objektivität bemüht, vgl. Teil I in Christoph Schultes: *radikal böse. Die Karriere des Bösen von Kant bis Nietzsche,* 2. Aufl., München 1991, S. 13 ff.

23 Kant, loc. cit., S. 37.

24 Loc. cit., S. 43.

25 *Kants Werke. Akademie-Textausgabe,* Bd. VIII (Abhandlungen nach 1781), Berlin 1968, S. 423 ff.

26 Zitiert nach Schulte, loc. cit., S. 26.

27 C. Lombroso / G. Ferrero: *Das Weib als Verbrecherin und Prostituirte: anthropologische Studien, gegründet auf eine Darstellung der Biologie und Psychologie des normalen Weibes,* dt v. H. Kurella, Hamburg 1894.

28 C. Lombroso: *Die Anarchisten, eine kriminal-psychologische und sociologische Studie,* dt. v. H. Kurella, Hamburg 1895.

29 Cesare Lombroso: *Der Verbrecher (Homo Delinquens) in anthropologischer, ärztlicher und juristischer Beziehung,* Bd. 1, übersetzt v. M. O. Fraenkel, mit einem Vorwort v. von Kirchheim, 2. Abdruck, Hamburg 1894, S. 229 ff. Zum Kommentar dieser Stelle vgl. mein Buch *Verbrechermenschen. Zur kriminalwissenschaftlichen Erzeugung des Bösen,* 2., erweiterte Neuauflage, Frankfurt a. M. 1984, S. 73 ff.

30 Adolf Hitler: *Mein Kampf,* 529. – 533. Aufl. (!), München 1940, S. 60 u. 69.

31 Zitiert nach Strasser: *Verbrechermenschen,* loc. cit., S. 41.

32 In meiner Studie „Der Blick des Hasses" (in: *Das Menschenmögliche,* siehe unten, loc. cit., S. 91 ff.), bringe ich Beispiele für diese Form der physiognomischen Dehumanisierung, die auch christlichen Physiognomikern wie beispielsweise Max Picard nicht fremd war: „... es sind Übergänge zwischen Menschen und Insekten; mehr Insekten als Menschen." M. Picard: *Die Grenzen der Physiognomik,* Erlenbach-Zürich / Leipzig 1937, S. 98 f. Zitiert nach P. Strasser: *Das Menschenmögliche. Späte Gedanken über den Humanismus,* Wien 1996, S. 110.

33 Aurelius Augustinus: *Vom Gottesstaat (De civitate dei),* a. d. Lat. v. Wilhelm Thimme, Buch 11 bis 22, München 1991 (3. Aufl.), S. 73.

34 Augustinus, loc. cit., S. 66.

35 P. Strasser: *Der Gott aller Menschen. Eine philosophische Grenzüberschreitung*, Graz / Wien / Köln 2002, S. 114.

36 Strasser, loc. cit., S. 115.

37 P. Strasser: *Der Tanz um einen Mittelpunkt*, im Gespräch mit Alexandru Bulucz, mit einer Laudatio von Konrad Paul Liessmann, „Edition Faust", Frankfurt a. M. 2015.

38 Adolf Holl: „Falsch aussagen und Verwirrung stiften", in: *Die Presse, „Spectrum"*, Wien, 12. Dezember 2015, S. VI.

39 Typisch für diese gelehrte Methode, uns mit dem Irrationalen zu kitzeln, dessen Existenz gleichzeitig negiert wird, ist das erwähnte Buch von Kurt Flasch: *Der Teufel und seine Engel. Die neue Biografie*, München 2015.

40 Norbert Bolz: *Das Wissen der Religion. Betrachtungen eines religiös Unmusikalischen*, München 2008, S. 68.